EL MUNDO DE LOS PIRATAS

Philip Steele

PANAMERICANA
EDITORIAL

Steele, Philip
El mundo de los piratas / Philip Steele ; traducción Julio Santiago Caycedo ; ilustraciones John Batchelor. -- Bogotá : Panamericana Editorial, 2007.
64 p. : il. ; 27 cm. -- (El mundo de ...)
Glosario : p. 60.
ISBN 978-958-30-2537-2
1. Piratas 2. Piratas – Historia I. Caycedo, Julio Santiago, tr. II. Batchelor, John, il. III. Tít. IV. Serie.
910.45 cd 21 ed.
A1110421

CEP-Banco de la República-Biblioteca Luis Ángel Arango

Publicado en acuerdo con Kingfisher Publicaciones Plc

Primera edición, Kingfisher Publicaciones Plc
Título original: *The Best-Ever Book of Pirates*
© Kingfisher Publicaciones Plc
New Penderel House
283-288 High Holborn
Londres WC1V 7HZ

Editor de la colección: Camilla Hallinan
Diseño: Ben White
Diseño de cubierta: Anthony Cutting
Investigación fotográfica: Image Select

© 2007 Panamericana Editorial Ltda.
de la traducción al español.
Dirección editorial: Conrado Zuluaga
Edición en español: Diana López de Mesa Oses
Traducción del inglés:
Julio Santiago Caycedo Ponce de León

Calle 12 No. 34-20
Tels: 3603077 – 2770100
Fax: (57 1) 2373805
panaedit@panamericanaeditorial.com
www.panamericanaeditorial.com
Bogotá D.C., Colombia

ISBN: 978-958-30-2537-2

Todos los derechos reservados.
Prohibida su reproducción total o parcial por cualquier medio sin permiso del Editor.

Impreso en China
Printed in China

CONTENIDO

PIRATAS Y MERCENARIOS......4
Claves del pasado 6

TERROR EN EUROPA 8
Furia vikinga.............................10
Tormentas del Atlántico 12

EL NUEVO MUNDO 14
Hermanos de la costa 16
Port Royal, Jamaica 18
Aguas norteamericanas 20

COSTAS DE ÁFRICA 22
Corsarios bárbaros 24
Reinos piratas 26

AMENAZA ORIENTAL 28
Mar Rojo, sangre roja 30
Los mares del Lejano Oriente 32

BARCOS PIRATAS 34
Velas y cabos 36
A través de los años 38
Catalejos y banderas piratas 40

VAGABUNDEAR 42
"En la cuenta" 44
Pelear sucio 46
Tesoro pirata 48
La muerte de un pirata 50

TIEMPOS DE CAMBIO 52
La piratería en la actualidad 54

Galería de valientes 56
Glosario 60
Índice 62
Agradecimientos 64

PIRATAS Y MERCENARIOS

La palabra "pirata" fue usada por primera vez por los antiguos griegos, hace más de 2000 años. Significaba "atacante" y aún se usa para describir a un marinero que ataca barcos o saquea costas.

◀ **Bucaneros abordan un barco mercante.** Estos piratas fueron el terror del mar Caribe entre 1630 y 1697 aprox. Muchos eran despiadados, pero otros eran hombres desesperados que tenían muy pocas opciones aparte de vivir de la piratería. Ésta era la única forma de evitar una vida miserable como marinos o como pobres trabajadores en una plantación. Entre los piratas del Caribe de hace 300 años había esclavos africanos prófugos y forajidos europeos y de América.

▲ **Esta antigua carta de navegación muestra el ataque de Francis Drake a Cartagena, Colombia, en 1586.** Hace 400 años Cartagena era un puerto de la flota del tesoro español. En 1581 la reina Isabel I ordenó caballero a Francis Drake. Para los ingleses, Drake fue un héroe nacional, para los españoles era un simple pirata.

Muchas palabras han sido empleadas para describir a los piratas. Corsarios, bucaneros, aventureros, filibusteros y saqueadores, todos eran piratas. Algunas veces los gobernantes otorgaban licencia a dueños de barcos para atacar embarcaciones mercantes de países con los que estaban en guerra. Estos piratas eran llamados mercenarios y compartían su botín con el gobierno. Muchos marinos respetables como Francis Drake se convirtieron en piratas ocasionales. Y muchos gobernantes patrocinaban expediciones piratas ¡con la condición de que compartieran el botín!

Claves del pasado

¿Cómo descubrimos la verdad acerca de la piratería? Muchos relatos sobre capitanes piratas y tesoros escondidos no son más que historias exageradas. ¿Cómo podemos probar cuándo y dónde naufragó un barco? En tierra, los arqueólogos desentierran objetos y descifran su antigüedad. La arqueología marina no es una tarea fácil. Los restos de un naufragio pueden estar enterrados o esparcidos y los buzos deben trabajar en condiciones peligrosas en las profundidades.

▼ ¿Cómo hacen los buzos para saber qué barco han encontrado? En este naufragio la campana del barco tenía inscritas las palabras THE WHYDAH GALLY 1716.

Arqueología marina
La embarcación inglesa *Whydah*, comerciaba con esclavos, azúcar, índigo y marfil. Fue capturada en febrero de 1717 por el pirata Sam Bellamy. En una tormenta en Cabo Cod, EE. UU., en abril de 1717, el *Whydah* naufragó en aguas bajas, en donde permaneció oculto bajo la arena por cerca de 266 años.

Documentos piratas

Algunos bucaneros del siglo XVII y XVIII, como Basil Ringrose y William Dampier, dejaron diarios, cartas e historias de sus viajes. El más famoso recuento es *Bucaneros de América*, del bucanero francés Alexandre Exquemelin, el cual fue publicado por primera vez en Ámsterdam en 1678.

◀ **El naufragio del *Whydah* fue finalmente descubierto por el buzo estadounidense Barry Clifford en 1983. En vez de su carga normal, este contenía el tesoro del pirata Sam Bellamy, que consistía en lingotes y monedas de oro y plata, partes de espadas, mosquetes, pistolas, cañones, granadas, bolsas de cuero y zapatos.**

Otra forma para descubrir el pasado es leyendo inscripciones, grabados en piedra y libros. Pero no podemos creer cada palabra. Algunos exageraron los hechos o decían que sus enemigos eran piratas y no lo eran. Existen referencias a la piratería en los viejos libros de leyes y en reportes de juicios y ejecuciones. En el siglo XVII y a comienzos del XVIII, las tierras de Norteamérica y el Caribe eran colonias europeas. Los gobernantes enviaban reportes sobre piratería, algunos de ellos se pueden leer hoy en día.

Hallados en tierra

La arqueología en tierra firme nos cuenta sobre la vida de los piratas en la costa. Muchos tenían sus bases en puertos o en islas remotas alrededor del mundo. Botellas de ron, jarras, candelabros, cucharas, herrajes y cántaros fueron descubiertos en Port Royal, la base pirata de Jamaica, destruida por un terremoto en 1692.

▲ **En tiempos romanos las patrullas antipiratería usaban galeras, barcos de remos y una sola vela. Tenían un espolón en el frente para hundir barcos enemigos y llevaban tropas, sin embargo, los piratas obtenían lo mejor de ellas.**

◄ **Los piratas cilicios eran temidos en el Mediterráneo por su crueldad. Tenían la costumbre de amarrar a sus prisioneros espalda contra espalda y arrojarlos al mar.**

TERROR EN EUROPA

Las antiguas potencias marítimas del Mediterráneo, como los fenicios, cretenses y griegos, eran grandes comerciantes y piratas. Las ciudades griegas estaban ubicadas en las costas o en las laderas de montañas; muchos griegos salieron a navegar en busca de tierras en Italia, Francia y España. Generalmente atacaban naves y pueblos costeros. Por más de 2.500 años las islas Lípari, al sur de Italia, sirvieron de base a los piratas griegos.

▼ Hacia el año 250 el Imperio Romano incluía buena parte de Europa y partes de Asia y África. La armada romana mandaba, pero pasados 150 años, su poder decayó. Cuando dejaron Inglaterra, piratas sajones e irlandeses se mudaron allí.

César capturado

En el año 78 a. de C. un joven romano llamado Julio César al mando de una acción naval contra los piratas provenientes de Cilicia, en Asia Menor (hoy Turquía), fue capturado y lo llevaron como rehén a la isla Farmacusa, hasta que los romanos pagaron un gran rescate. Los piratas cilicios asolaron el Mediterráneo por otros once años antes de ser derrotados por Pompeyo, un soldado romano. Al final, cerca de 10.000 piratas fueron asesinados y otros 20.000 fueron capturados.

Furia vikinga

En el año 789 los piratas escandinavos atacaron las costas de las islas británicas. Estos ancestros de los daneses, noruegos y suecos eran llamados los hombres del norte o vikingos, palabra que después significó corsarios de mar. Vivían de la pesca, el cultivo y el comercio. Pero la vida en el norte era difícil, decidieron navegar para saquear barcos y ciudades.

Enemigos de Dios
Los vikingos despreciaban a los pacíficos monjes cristianos del occidente europeo. Sus abadías y templos eran blancos fáciles. Cuando los piratas arribaban en sus barcos, los monjes huían con los tesoros de sus iglesias.

▲ Los vikingos fueron temidos por todo el mundo durante 300 años. Saquearon Inglaterra, Irlanda y Francia. Navegaron hacia el occidente con rumbo a Islandia, Groenlandia y Norteamérica y al sur hacia el Mediterráneo. Se instalaron en Rusia y navegaron los ríos orientales de Europa hasta llegar a Miklagard (hoy Estambul). En Inglaterra los vikingos no fueron derrotados hasta la batalla de Stamford Bridge, en 1066.

◄ Los vikingos usaban cascos de cuero o hierro y llevaban escudos redondos de madera. Tenían lanzas, largas espadas y hachas de batalla. Algunos vestían cota de mallas.

▲ Un barco grande podía medir más de 23 m de longitud. La estructura y los remos eran de roble y el mástil, con frecuencia de pino, soportaba una gran vela. Los guerreros remaban sus barcos y probablemente se sentaban en bancos de madera. Una paleta ladeada daba dirección a la embarcación.

Los guerreros vikingos eran llamados *berserkers* (guerreros invulnerables) pues batallaban con furia, quemando y asesinando. En ocasiones tomaban prisioneros y los vendían como esclavos. Pero no eran del todo malos, se asentaban en las tierras que atacaban y construían nuevos pueblos.

Botín vikingo

Las iglesias y abadías cristianas les proveían a los piratas vikingos valiosas cruces, cálices, platos y campanas. Eran robadas en ciudades como Londres y París, para cambiarlas por monedas, joyas, armas y vestimentas. Este botín podían llevarlo a casa en barco o venderlo al mejor postor.

Tormentas del Atlántico

Las costas noroccidentales eran atacadas por los intrusos del Atlántico. Los islotes, las islas remotas y las cuevas, eran territorio ideal para forajidos y piratas. En la Edad Media, la piratería era común en Escocia, Irlanda, Gales, la isla de Man, las islas Scilly y Bretaña.

La reina de Clew Bay

Gráinne Ni Mháille, o Gráinne Mhaol, era conocida por los ingleses como Grace O'Malley. Esta noble irlandesa nacida c. 1530, se convirtió en hábil navegante. Tenía una gran flota en Clew Bay, en la costa de Irlanda. Sus piratas arrasaron la costa y atacaron naves en el Atlántico en la década de 1560. Negoció el perdón real en 1593 y se retiró.

El diablo

En el siglo XIII Eustace, un monje flamenco, dejó su monasterio y se hizo soldado. Cuando rompió la ley por asesinato se hizo pirata y su centro de operaciones fue el canal inglés. Trabajó para los ingleses y franceses. Un manuscrito medieval narra su fin. Fue decapitado en una batalla naval en Sandwich, Kent.

Klein Hänslein

En un peculiar día de 1573, 33 piratas fueron ejecutados en Hamburgo, Alemania. Su capitán era conocido como Little Jack o Klein Hänslein y fue el terror de los barcos mercantes en el mar del Norte.

Hacia el oriente, el canal inglés, el mar del Norte y el Báltico eran inseguros para la navegación. Eran tiempos sin ley. Para muchos la piratería fue una vía eficaz para atacar enemigos y rivales, o para hacer fortuna. Familias respetables organizaban tripulaciones piratas.

◀ Saint-Malo era un paraíso para los corsarios cuando Bretaña cayó bajo el dominio francés en 1488. Los mercenarios siguieron atacando barcos ingleses. Corsarios como Réné Duguay-Trouin y Robert Surcouf se convirtieron en héroes.

Con frecuencia, los países europeos estaban en guerra y se hizo común que los marineros atacaran y saquearan barcos enemigos. Piratas o mercenarios oficiales, todos fueron conocidos como corsarios. Muchos se convirtieron en héroes y algunos jugaron un papel importante en la historia.

A través del canal

Otros puertos de corsarios en el canal inglés eran Boulogne y Dunkerque. El corsario más famoso de Dunkerque fue Jean Bart, que asaltó veleros de pesca alemanes y saqueó la costa inglesa. Fue capturado en Inglaterra en 1694, escapó a Francia remando 250 km en un pequeño bote a través del canal.

Flotas del tesoro

El descubrimiento de Centro y Suramérica, fue conocido como el descubrimiento español. Este nombre fue usado después para hacer referencia al descubrimiento de todo el Caribe. Desde la década de 1540 en adelante, los españoles organizaron dos escoltas navales cada año para proteger los barcos que cargaban el tesoro de vuelta a casa. Uno zarpaba de Veracruz y el otro de Nombre de Dios (o posteriormente de Portobelo). Las dos escoltas unían sus fuerzas en Cuba para viajar de regreso a España. La flota combinada sumaba más de cien veleros. El tesoro era transportado en barcos llamados galeones, los cuales podían llevar consigo más de 200 tripulantes y 60 cañones. Pocos barcos piratas podían igualarlos, pero estos tenían la ventaja cuando se trataba de velocidad y de astucia.

▶ En junio de 1523 un corsario francés llamado Jean Fleury (Florin) asolaba los cruceros del Atlántico en San Vicente, cerca de Faro, Portugal. Al ver tres carabelas, pequeños barcos de tres mástiles con banderas españolas, sin escolta, decidió cercarlos y capturó dos de ellos, el tercero logró escapar.

Las carabelas españolas iban cargadas con grandes tesoros arrebatados a los aztecas, nativos americanos que vivían en lo que hoy se conoce como México. El poderoso imperio azteca fue derrotado por el soldado español Hernán Cortés en 1521. El ataque de Fleury a la flota del tesoro español fue el primero de muchos llevados a cabo por corsarios franceses e ingleses.

UN NUEVO MUNDO

El 12 de octubre de 1492 un marinero italiano llamado Cristóbal Colón, atracó en la isla Watling en las Bahamas. Colón estaba al servicio de los Reyes Católicos de España y creyó haber llegado a Asia. De hecho había llegado a América, un "nuevo mundo" desconocido para los europeos. En los siguientes años España colonizó vastas tierras de América. Muchos nativos americanos fueron esclavizados, asesinados o murieron a causa de enfermedades. El oro y la plata eran embarcados de vuelta a Europa. En las islas del Caribe se instalaron plantaciones, en las que trabajaban europeos pobres y esclavos africanos. Esta combinación de hombres desesperados, islas remotas y el tesoro español, sólo podía llevar a un resultado: la piratería.

▶ Francis Drake fue un mercenario inglés que a menudo rompió las reglas para dedicarse a la piratería. Desde 1567 hasta 1596 lideró un ataque tras otro a la flota española, apoderándose de una gran fortuna. En 1572, cuando se suponía que Inglaterra y España estaban en paz, Drake atacó Nombre de Dios.

Hermanos de la costa

En el siglo XVII un gran número de salvajes aventureros y forajidos tomaron como refugio el Caribe. Venían de los Países Bajos, las islas británicas, Francia, Portugal, el occidente de África y de las mismas islas del Caribe. Algunos fueron llamados bucaneros, otros hermanos de la costa. Al principio vivieron en Cuba, Jamaica y La Española. Desde la década de 1630 tomaron como base principal la isla de la Tortuga.

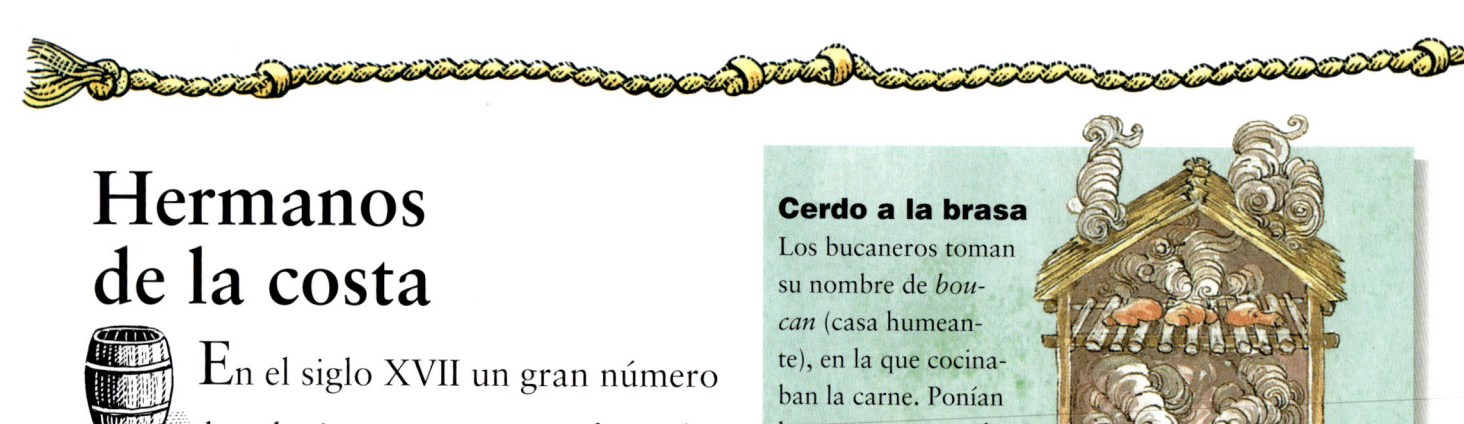

Cerdo a la brasa
Los bucaneros toman su nombre de *boucan* (casa humeante), en la que cocinaban la carne. Ponían la carne en un asador que recibía el humo de las fogatas.

▼ Los bucaneros estaban armados con mosquetes, hachas y cuchillos. Sus raídas camisas de lino y arneses de cuero desgastado siempre estaban sucios y apestaban.

▶ Los bucaneros vivían fuera de la ley, peleando y matando. Usualmente estaban ebrios, tomaban ron y brandy. Los primeros bucaneros vivían silvestremente a cielo abierto en campamentos rudimentarios, cazando cerdos salvajes con ayuda de sus perros. Ellos cambiaban la carne y las pieles de los animales por pólvora y víveres.

Roche Brasiliano   **François l'Ollonois**   **Bartolomeo el Portugués**

Los colonizadores estaban cansados de los bucaneros forajidos. Trataron de detener su comercio de carne, y los bucaneros se hicieron piratas. En la década de 1660, lanzaron feroces ataques a los barcos del tesoro español. A los enemigos de España esto les caía como anillo al dedo y empezaron a contratar ejércitos de bucaneros para saquear las ciudades españolas. La era dorada de la piratería se extendió hasta la década de 1690 y su fama se prolongó por todo el mundo.

Tres hombres locos

Algunos violentos bucaneros se enorgullecían de sus actos de crueldad. Roche Brasiliano, un alemán, quemaba vivos a sus enemigos. Jean-David Nau, un bretón, conocido como François l'Ollonois, les arrancaba el corazón a los españoles y los desgarraba con sus dientes. Bartolomeo el Portugués fue un famoso asesino.

▲ En 1650 España dominaba Centro y Suramérica, pero el poderío español sobre el Caribe fue arrebatado por los ingleses y los franceses, y por piratas de todo el mundo, quienes usaban las islas para escapar de la ley.

▶ Los bucaneros atacaban los galeones españoles desde elementales canoas o piraguas. Estas eran rápidas y un blanco difícil para los cañones enemigos.

Port Royal, Jamaica

En 1655, Inglaterra le arrebató a España la isla caribeña de Jamaica. Los recién llegados no contaban con las tropas suficientes para defender la isla de los ataques españoles o franceses, así que hicieron un trato con los bucaneros: los piratas podían anclar en Port Royal y atemorizar a las embarcaciones enemigas. El bucanero más famoso que se instaló en Port Royal fue el fiero galés Henry Morgan. Morgan tenía licencia para asaltar ciudades españolas.

◄ En la década de 1660, Port Royal se hizo famoso por su falta de leyes. Las malolientes calles estaban llenas de mercaderes ebrios, crueles vendedores de esclavos, marinos con loros parlanchines, apostadores y granujas y atrevidos bucaneros.

Morgan ataca
Entre 1668 y 1671 Henry Morgan guió a sus hombres en ataques contra Puerto Príncipe, Portobelo, Maracaibo y Panamá.

Henry Morgan era un mercenario que podía reunir grandes ejércitos conformados por bucaneros. Por este motivo, las autoridades jamaiquinas decidieron ignorar sus actos ilegales de piratería y crueldad. Morgan fue nombrado caballero por el rey Carlos II, e incluso fue elevado al rango de Teniente Gobernador de Jamaica. Gran bebedor, Morgan murió en 1688. Después de su muerte la colonia ya no necesitaba a sus rebeldes bucaneros. Port Royal se volvió famoso por ser el lugar en el que se capturaban, juzgaban y ahorcaban piratas.

¿Castigo de Dios?

El 7 de junio de 1692, las ruidosas calles y muelles de Port Royal quedaron súbitamente en silencio, y la tierra comenzó a estremecerse. Las tabernas colapsaron, las bodegas llenas de azúcar y tabaco cayeron en el puerto. El mar inundó la ciudad. Cuando se propagó la noticia del terremoto, la gente dedujo que Port Royal había sido castigado por sus pecados.

Mujeres piratas

Tres piratas fueron capturados y llevados a juicio en noviembre de 1720 en Jamaica. Uno, John Rackham, fue hallado culpable y ahorcado. Los otros dos fueron hallados culpables, pero los dejaron en libertad cuando la corte se enteró de que ambos estaban esperando bebé. Sus nombres eran Mary Read y Anne Bonny. Read y Bonny fueron enroladas como hombres, así que estaban acostumbradas a vestirse con trajes masculinos, y los encontraban más apropiados para la vida de mar. Peleaban violentamente con cuchillos, hachas y pistolas, y se convirtieron en las mujeres piratas más conocidas de todos los tiempos.

◀ John Rackham era conocido como Calico Jack porque vestía brillantes y coloridas prendas de calicó, una clase de algodón. En 1719, Calico Jack llegó a la isla de Nueva Providencia en las Bahamas, junto con Anne Bonny. Robaron un crucero y zarparon a una vida de crimen. Rackham y Bonny capturaron a Mary Read, quien se unió a su tripulación pirata.

Aguas norteamericanas

Mientras españoles gobernaban el Caribe y las costas del Pacífico, colonizadores británicos se instalaron en las costas orientales de Norteamérica. En la década de 1700 algunos colonos agobiados por los altos impuestos que pagaban tomaron las cosas por su propia mano y se volvieron estafadores y piratas. Su blanco eran los barcos que zarpaban de Newfoundland a las Carolinas o más allá. Algunos gobernantes de la colonia recibían beneficios para que no informaran sobre estos hechos.

▼ Como un demonio que sale de los infiernos, Barba Negra no mostraba piedad. A bordo de su barco, *Queen Anne's Revenge*, atacaba embarcaciones que partían de Carolina del Sur y bloqueaba el puerto de Charleston.

Abajo en Nueva Orleans

Jean Lafitte era un notable pirata y tramposo que controlaba todos los fraudes en Nueva Orleans. Cuando Estados Unidos entró en guerra con Inglaterra en 1812, Lafitte rechazó una jugosa oferta inglesa y ofreció sus servicios a los oficiales norteamericanos, convirtiéndose en mercenario y héroe.

Stede Bonnet

Stede Bonnet era un respetable caballero que tenía reputación de dandi. Se había retirado del ejército y poseía una plantación en Barbados. Ya fuera por depresión o simple aburrimiento con la vida que llevaba, se convirtió en capitán pirata. Por un tiempo navegó con la flota de Barba Negra, donde era blanco de bromas. En 1718 fue capturado y lo ahorcaron en Charleston.

Después de que Port Royal fue saneado, Nassau en la isla de Nueva Providencia, Bahamas, atrajo miles de piratas. Vivían licensiosamente y se unieron en el ataque a los cruceros del Atlántico. En 1775 estalló la guerra entre Inglaterra y sus colonias americanas. Los colonos tenían una pequeña armada y se aliaron con los mercenarios para atacar los barcos británicos. En 1783 los americanos derrotaron a los británicos y formaron Estados Unidos.

El temido Barba Negra

El pirata más temido de Estados Unidos desde 1716 en adelante, era Edward Teach, originario de Bristol, conocido como Barba Negra. Era un hombre cruel que llevaba el cabello y la barba en largos y espesos bucles. Amarraba mechas encendidas bajo su sombrero para atemorizar a sus victimas.

▶ En noviembre de 1718, el gobernador Alexander Sportswood de Virginia ofreció £100 por la captura de Barba Negra. Fue el teniente Robert Maynard de *HMS Pearl* quien mató al pirata, después de un desesperado combate mano a mano. Este cortó la cabeza de Barba Negra y la colgó del mástil de su barco.

COSTAS DE ÁFRICA

La mayor parte de África era desconocida hasta el siglo XIX. Muchos de los mapas medievales la dejaban en blanco, o cubrían los vacíos con dibujos de leones. Tierra adentro existían ricos imperios, pero pocos exploradores sobrevivían a las largas travesías por desiertos y junglas para alcanzarlos.

▼ El capitán pirata de origen galés, Bartholomew Roberts revisa el botín de su tesoro en el río Senegal en 1721. Roberts fue uno de los piratas más exitosos de todos los tiempos, capturó o hundió más de 400 barcos.

Black Bart

Bartholomew Roberts, Black Bart, estuvo bajo las órdenes de un pirata galés llamado Howell Davis. Cuando Davis fue asesinado en 1719, Roberts fue nombrado capitán. Amaba los vestidos finos y vivía con estilo. Se dice que preferiría el té al ron, pero su tripulación se encontraba ebria cuando un barco antipiratería, llamado *HMS Swallow*, los descubrió anclados al extremo del Cabo López. Roberts recibió un disparo en la garganta.

Las costas africanas fueron trazadas desde la Edad Media por comerciantes europeos, árabes y chinos. Los primeros europeos en llegar al golfo de Guinea, fueron los portugueses y construyeron fortalezas y puestos de comercio. Fueron seguidos por otros europeos entre los siglos XVI y XVII, quienes codiciaban el oro y el marfil. Pronto se dedicaron a otro tipo de comercio más cruel, secuestraban africanos y los llevaban al Nuevo Mundo como esclavos. En el siglo XVIII la costa de Guinea estaba plagada de piratas, ansiosos por obtener ganancias a costa de la miseria humana.

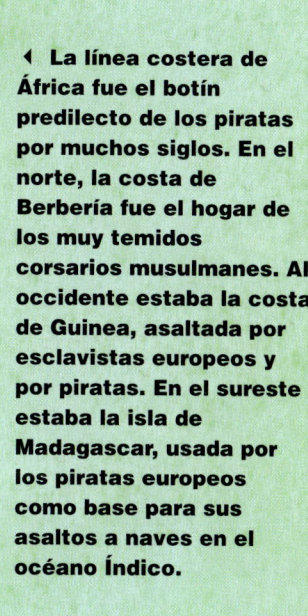

◀ La línea costera de África fue el botín predilecto de los piratas por muchos siglos. En el norte, la costa de Berbería fue el hogar de los muy temidos corsarios musulmanes. Al occidente estaba la costa de Guinea, asaltada por esclavistas europeos y por piratas. En el sureste estaba la isla de Madagascar, usada por los piratas europeos como base para sus asaltos a naves en el océano Índico.

Corsarios bereberes

Los árabes musulmanes invadieron el norte de África en el año 640. Pasados cien años su gobierno se extendió hasta el sur de España. En la década de 1530 gran parte del norte de África estuvo bajo el régimen turco musulmán, pero el sur de Europa continuó siendo cristiano. Musulmanes de Trípoli, Túnez y Argel, en la costa de Berbería, asaltaron barcos europeos y esclavizaron cristianos.

Tortura
Los prisioneros cristianos de los corsarios bereberes no recibían ningun buen trato, a menos que fueran ricos. Usualmente eran encadenados o atados con fuertes sogas y torturados. Los prisioneros musulmanes en las mazmorras cristianas recibían igualmente un trato cruel por parte de sus captores.

▼ Los corsarios bereberes usaban rápidas galeras remadas por esclavos. Las galeras eran comandadas por un capitán, o *raïs*, y llevaban una tripulación numerosa. Esta pintura de Cornelius Vroom muestra la batalla entre barcos corsarios y españoles en 1615.

Los redencionistas

Los sacerdotes cristianos, llamados redencionistas (negociantes), buscaban fondos para liberar cristianos esclavizados por corsarios. Visitaban las costas bereberes y pagaban los rescates exigidos por los gobernantes musulmanes.

Los corsarios bereberes llevaron sus ataques lejos de África, incluso hasta Islandia. Se convirtieron en héroes del mundo islámico. En la década de 1600 muchos europeos se "volvieron turcos" y se unieron a los bereberes, como el inglés Sir Francis Verney y los alemanes Simon Danziger y Jan Jansz. Los corsarios cristianos crearon flotas para atacar a los musulmanes. Tenían su base en la isla de Malta en el Mediterráneo.

Los Barbarossa

Los más famosos líderes corsarios bereberes en sus inicios fueron dos hermanos llamados Aruj y Kheir-ed-Din. Nacidos en Grecia, fueron conocidos como los hermanos Barbarossa (Barba Roja).

▼ En 1504, Aruj Barbarossa capturó dos galeras del tesoro del papa Julio II. Los hermanos Barbarossa eran intrépidos navegantes y fieros combatientes. Atacaron embarcaciones provenientes de la ciudad italiana de Génova y de España.

Los españoles mataron a Aruj en 1518. Kheir-ed-Din se convirtió en un respetable almirante y embajador.

Los reinos piratas

Otras costas africanas fueron centros piratas. En la década de 1600, alemanes, franceses y portugueses navegaron por el sur de África. Los piratas navegaban desde Norteamérica hasta África, y luego subían por el mar Rojo, ruta conocida como la Ronda Pirata. Desde 1690 hasta 1720, la base fue Madagascar. Los rumores acerca de la vida fácil que se llevaba en la isla, de las bellas mujeres y atardeceres tropicales se propagaron. Pero la vida allí era realmente dura para los piratas.

▲ Este mapa muestra Madagascar, el principal puerto de la llamada Ronda Pirata. La isla se convirtió en el lugar en el que los piratas se abastecían de comida y agua o vendían los cargamentos robados en el océano Índico.

Bondad a medias

Los capitanes no eran famosos por su bondad. El pirata irlandés Edward England operaba en la costa de Guinea y en el océano Índico. Pero cuando le perdonó la vida al capitán de un barco mercante inglés, su tripulación se disgustó y lo abandonó en la isla Mauricio. Construyó un pequeño bote y remó de vuelta a Madagascar.

▼ En tierra el barco se carenaba. En este momento los piratas eran más vulnerables a los ataques, ya que acampaban en la costa y no tenían manera de escapar.

En aguas tropicales los cascos de los barcos pronto estaban cubiertos de crustáceos y lama, y eran roídos por gusanos marinos. Los piratas se detenían en la isla Santa María, en Madagascar, para reparar sus naves.

Daniel Defoe (1661-1731) escribió sobre un país llamado Libertalia, hallado en Madagascar por el capitán pirata Misson. Es probable que nunca existiera, pero otros piratas de Madagascar se proclamaron sus gobernantes. Estos fueron el "rey" Abraham Samuel en la década de 1690, y James Plantain, "rey de la bahía de Ranter" en la década de 1720.

Herramientas

Para tallar grandes piezas de madera se usaban azuelas. Las juntas (vacíos que quedaban entre las piezas) debían ser selladas. Las abrían con paletas y las llenaban con estopa (fibras del pulido de las sogas). Esta era aprisionada con un martillo de mango corto y un mazo de calafateo y luego sellado con brea o alquitrán.

mazo de calafateo
paleta
estopa
embutido
azuela
paleta de calafateo

AMENAZA ORIENTAL

En 1735 el *Derby*, un barco perteneciente a la British East India Company, fue forzado a rendirse ante la familia Angria, un grupo de marineros que atacaban embarcaciones en la costa occidental de India. El barco se dirigía al puerto de Bombay y tenía una gran fortuna a bordo.

▸ La tripulación del *Derby* advirtió la proximidad de los barcos Angria. La familia Angria pertenecía a la raza de los maratha, quienes cuestionaban los derechos comerciales de la Compañía. Los marathas controlaban la costa de Malabar y las aguas del sur de Bombay, y construyeron una cadena de fuertes a lo largo de la costa.

▲ Los barcos que comerciaban entre Europa y el Lejano Oriente navegaban las aguas del golfo Pérsico y el mar de Arabia. En estas aguas estaban las rutas de los mercados más ricos. La piratería se convirtió allí en un problema durante cientos de años.

La British East India Company fue fundada en 1600 para negociar en los océanos Índico y Pacífico. Tenía sus propios soldados y marinos; sus barcos eran llamados East Indiamen, y en el siglo XVIII fueron atacados con frecuencia por los marathas. El primer gran líder de los ataques marathas fue Kanhoji Angria, quien murió en 1729. Los ingleses finalmente derrotaron a los marathas en 1756.

▶ pirata maratha

Mar Rojo, sangre roja

El comercio europeo con India y el Lejano Oriente creció con el tiempo. Los portugueses atacaron y ganaron Goa, India, en 1510. En la década de 1700 ingleses y franceses se disputaban el control del comercio en el resto de India, mientras los alemanes controlaban las Islas de las Especias, en el sureste asiático. Los gobiernos europeos autorizaban a mercenarios a atacar a los otros comercios. Pronto se hicieron piratas.

▶ Después de luchar por dos horas, los piratas del barco de Avery, *Fancy*, se abalanzaron sobre el *Gang-i-Sawai* y atacaron a las mujeres mongol que se encontraban a bordo.

Long Ben
El inglés Henry Avery era conocido como Long Ben o Capitán Bridgeman. Se volvió tan famoso que la gente lo llamaba el archipirata. Avery hizo una gran fortuna con la piratería en el mar Rojo, pero la perdió toda, y al parecer murió en la pobreza en su casa, en Devon.

El *Gang-i-Sawai*
En septiembre de 1695, Avery y piratas norteamericanos atacaron el crucero principal del jefe de la flota mongol, el *Gang-i-Sawai*. A bordo había grandes tesoros y peregrinos que regresaban de la ciudad santa de La Meca.

Las tripulaciones piratas partían de Europa y de colonias en Norteamérica hacia Madagascar por el mar de Arabia, el golfo Pérsico y el mar Rojo, donde atacaban a los barcos europeos. Los barcos piratas eran financiados en secreto por ricos y poderosos. Compartían el botín con la tripulación si el viaje era exitoso y, si la tripulación era atrapada, se hacían pasar por ignorantes. Aurangzeb, el emperador mongol que gobernó el territorio del norte de India, desde 1658 hasta 1707, también sufrió los ataques piratas. Los europeos de esa época tenían poco respeto por los que no eran cristianos, y los piratas que atacaban barcos musulmanes escapaban de la justicia.

Viaje al desastre

El escocés William Kidd vivió en Nueva York, recibió una comisión real para atacar barcos franceses y piratas en el océano Índico, pero fue forzado por su tripulación a llevar una piratería más sustanciosa. En octubre de 1697, discutió con su pistolero William Moore y lo mató lanzándole un balde. Kidd finalmente fue arrestado y ahorcado.

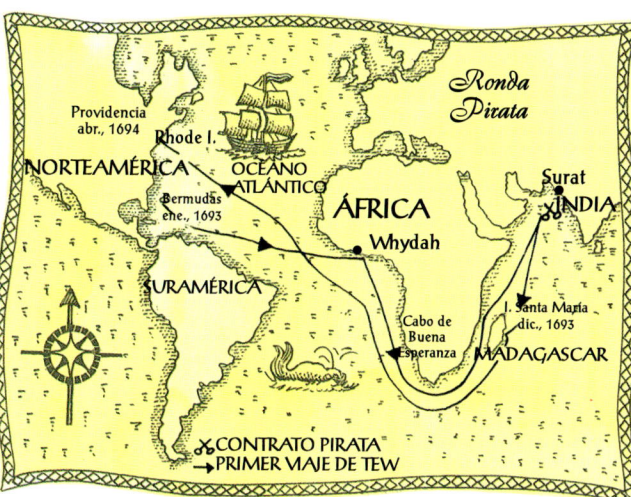

▲ La Ronda Pirata incluía un viaje de casi 40.000 km. Thomas Tew navegó con el *Amity* desde las Bermudas hasta Whydah en la costa de Guinea, y se volvió pirata en el océano Índico. Después navegó de regreso a su casa en Rhode Island y convenció a las autoridades de ignorar sus crímenes. Regresó al océano Índico y se unió a Henry Avery, pero le dispararon y murió en 1695.

En el Lejano Oriente

Los chinos fueron unos de los mejores constructores de barcos del mundo antiguo. Fueron los primeros en diseñar barcos con muchos mástiles y grandes timones submarinos. También inventaron la brújula. Las flotas de barcos de madera llamados juncos exploraron el océano Índico en el siglo XV. Los chinos fueron magníficos negociantes y piratas.

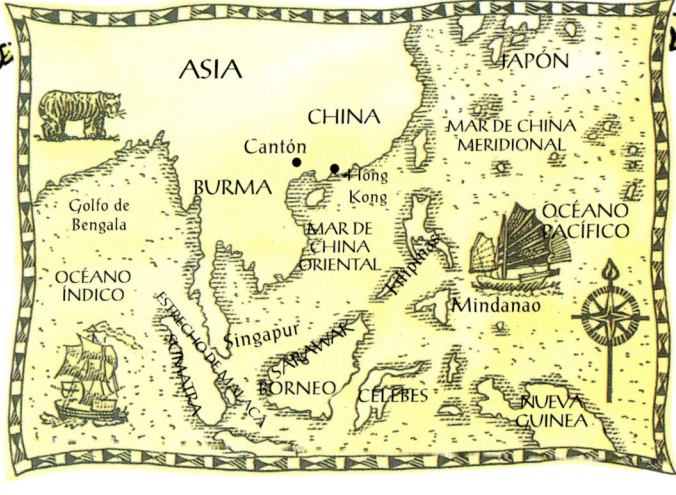

▲ El mar de China meridional estuvo infestado de piratas desde la Edad Media hasta el siglo XX.

Al sur, el estrecho de Malaca y el mar de Java eran muy peligrosos.

◀ En septiembre de 1849, una flota pirata china con base en la bahía de Bias, al este de Hong Kong, fue atacada y destruida por barcos de guerra ingleses. Más de 400 piratas fueron asesinados. Su líder, Cui Apu, fue herido, escapó pero más tarde fue traicionado. Se suicidó en 1851.

Piratas japoneses y Kublai Khan

En la década de 1270 los piratas japoneses asolaban las costas chinas, atacando villas y barcos. El gobernante de China, Kublai Khan, se quejó ante el Japón. Esto no sirvió de nada, así que decidió invadirlos. Sus dos intentos, en 1274 y 1281, fueron frustrados por tormentas de mar.

▲ barco pirata japonés

Bandidos de Borneo

La isla de Borneo tenía muchos ríos y valles entre frondosos bosques. Durante cientos de años fue el refugio de los piratas de Dayak, quienes eran fieros cazadores de cabezas. Atacaban los barcos desde ligeras y veloces barcas llamadas *prahus*. En la década de 1840, los piratas de Dayak fueron brutalmente perseguidos por la marina británica.

▲ pirata dayak

A las Filipinas

Las islas del mar de Sulú eran el paraíso de piratas locales y vendedores de esclavos. Lejos, al oriente, estaban los temidos piratas de Ilanun, Mindanao, que hacían largos viajes en busca de riqueza. Cuando los europeos tomaron control de su comercio en la década de 1800, muchos pueblos del sureste asiático adoptaron medidas desesperadas, como la piratería, para sobrevivir.

▲ pirata de Ilanun

Los marinos en el Lejano Oriente enfrentaban muchos peligros, desde tifones hasta tiburones. Pero su mayor miedo eran los piratas chinos. Las flotas piratas eran grandes y bien organizadas, casi siempre formadas por rebeldes políticos y forajidos. Atacaban barcos chinos y europeos y trataban a sus prisioneros con gran crueldad. Los piratas de las Islas de las Especias, lejos al sur, también fueron muy temidos.

La mujer dragón

En la década de 1800, las costas del puerto de Cantón estaban controladas por las flotas de un pirata chino llamado Cheng I. A su muerte, en 1807, su viuda Madame Cheng, tomó su lugar. Pronto controló una de las flotas piratas más grandes y mortíferas de la historia, con 800 juncos armados, mil botes más pequeños, y más de 70.000 hombres y mujeres bajo su feroz mando. Después de los combates con piratas rivales, compró el perdón del gobierno chino en 1810.

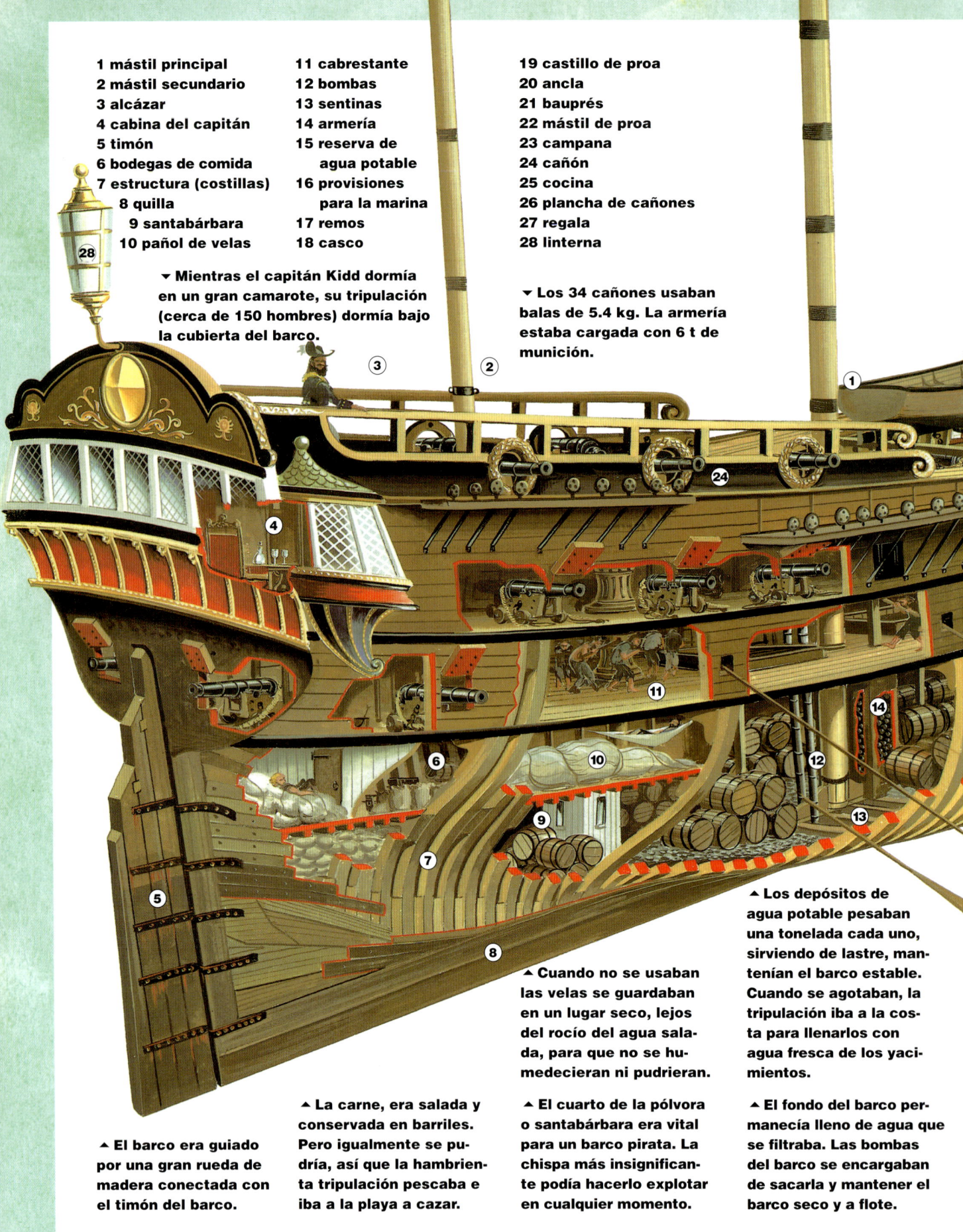

1 mástil principal
2 mástil secundario
3 alcázar
4 cabina del capitán
5 timón
6 bodegas de comida
7 estructura (costillas)
8 quilla
9 santabárbara
10 pañol de velas
11 cabrestante
12 bombas
13 sentinas
14 armería
15 reserva de agua potable
16 provisiones para la marina
17 remos
18 casco
19 castillo de proa
20 ancla
21 bauprés
22 mástil de proa
23 campana
24 cañón
25 cocina
26 plancha de cañones
27 regala
28 linterna

▼ Mientras el capitán Kidd dormía en un gran camarote, su tripulación (cerca de 150 hombres) dormía bajo la cubierta del barco.

▼ Los 34 cañones usaban balas de 5.4 kg. La armería estaba cargada con 6 t de munición.

▲ El barco era guiado por una gran rueda de madera conectada con el timón del barco.

▲ La carne, era salada y conservada en barriles. Pero igualmente se pudría, así que la hambrienta tripulación pescaba e iba a la playa a cazar.

▲ Cuando no se usaban las velas se guardaban en un lugar seco, lejos del rocío del agua salada, para que no se humedecieran ni pudrieran.

▲ El cuarto de la pólvora o santabárbara era vital para un barco pirata. La chispa más insignificante podía hacerlo explotar en cualquier momento.

▲ Los depósitos de agua potable pesaban una tonelada cada uno, sirviendo de lastre, mantenían el barco estable. Cuando se agotaban, la tripulación iba a la costa para llenarlos con agua fresca de los yacimientos.

▲ El fondo del barco permanecía lleno de agua que se filtraba. Las bombas del barco se encargaban de sacarla y mantener el barco seco y a flote.

BARCOS PIRATAS

▼ La cocina era un simple compartimiento de madera construido por seguridad lo más lejos posible de la santabárbara.

▶ Cables diagonales llamados 'forestays' del trinquete, eran amarrados al bauprés para soportar el mástil de proa.

▲ Los remos se usaban cuando no había viento o cuando el barco se acercaba a puerto.

Velocidad y sorpresa eran siempre las claves del éxito pirata. Los bucaneros del Caribe descubrieron que con pequeños y veloces veleros, podían vencer fácilmente a un gran y pesado galeón sin importar qué tan armado estuviera. Los corsarios franceses también usaban pequeños botes de pesca armados para atacar a los barcos ingleses. Los piratas menos afortunados se veían obligados a usar un buque viejo agrietado, pero siempre podían tratar de capturar o robar lo último en diseño naval. Muchos barcos piratas eran embarcaciones mercenarias o de la armada que habían sido tomadas por la tripulación después de un motín. Los viejos barcos requerían constante mantenimiento y trabajo duro para mantenerlos a flote. Los naufragios eran comunes.

Adventure Galley

Este fue el barco que llevó al capitán William Kidd a un accidentado viaje en 1696. Había sido construido el año anterior en el río Támesis en Deptford, cerca de Londres. El barco tenía 38 m de largo y fue diseñado para la actividad mercenaria. Era impulsado por el viento, pero si el tiempo estaba en calma, el barco contaba con 36 remos; cada remo con dos o más remeros. La tripulación de Kidd era un grupo de matones asesinos que habían sido presionados para unirse al viaje. Ellos forzaron a Kidd a aceptar la piratería. El barco tenía problemas de filtraciones y al final Kidd tuvo que abandonar la galera.

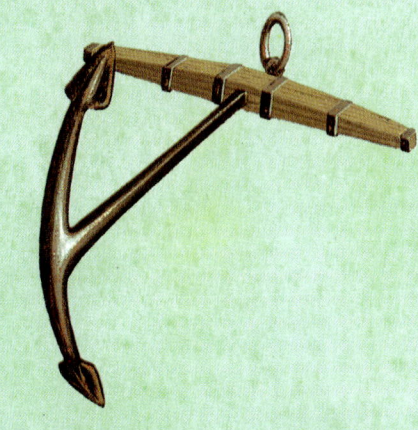

▶ El ancla del *Adventure Galley* pesaba cerca de 1.400 kg. Su resistente cable solo podía elevarse con una gran polea y con los poderosos músculos de la tripulación. Cantando o silbando ayudaban a mantener el ritmo y la cadencia.

Velas y aparejos

Los barcos de velas cuadradas podían cargar cerca de 2.000 m² de vela, que les permitían alcanzar grandes velocidades. Las velas eran de lienzo o lona resistente, tejidas con cáñamo, algodón o lino. Éstas también tenían que soportar marejadas y huracanes, por lo cual se les agregaba secciones extra para fortalecerlas.

▼ Este es un barco de velas cuadradas. Barras diagonales llamadas yardas las soportaban.

1 vela superior del bauprés
2 vela del bauprés
3 vela de curso del bauprés
4 foque interior
5 foque exterior
6 juanete principal de la proa
7 vela superior de la proa
8 corona de la proa
9 vela de proa
10 juanete principal
11 vela superior principal
12 corona principal
13 vela principal
14 juanete de mesana
15 mesana de vela superior
16 corona de mesana
17 cangreja de popa
18 yarda

▶ **Las escaleras de cuerda iban desde los cabezales principales hasta las yardas. Las cuerdas principales eran llamadas obenques y las cuerdas al través, flechaduras. Los piratas escalaban a contra viento, hacia la cubierta. Tenían que aferrar o bajar las velas para repararlas después de las batallas.**

▲ **Cuando los piratas abordaban a sus víctimas lanzaban arpeos a las embarcaciones enemigas. Estos se enredaban en los aparejos, lo que les permitía unir las naves. Cuando estaban lo suficientemente cerca, los piratas escalaban por los aparejos y saltaban al barco enemigo.**

Con las cuerdas hechas de cáñamo se manejaba casi todo en la embarcación. Eran usadas para asegurar el barco, atar mercancías a bordo, izar señales y banderas, y asegurar el cañón. Las cuerdas eran la base de los obenques que soportaban las velas y mástiles. Cada marino tenía que saber reparar cables y arreglar aparejos y motones (poleas y cuerdas).

Nudos y empalmes

Los nudos se usaban para atar dos o más cuerdas, para unir las sogas a los palos o para enrollar la cuerda en bucles, anillos y lazos. Los empalmes se utilizaban para unir dos cuerdas. Las hebras de una cuerda se podían separar usando una herramienta de hierro afilada, llamada pasador.

as de guía   **enganche de pasador**   **empalme corto**

cote de pescador   **vuelta de escota**   **nudo de pasador**

A través de los años

El tamaño y diseño de las embarcaciones piratas variaban dependiendo de la época y del lugar. En el siglo XIX los barcos fueron más veloces y más estrechos que nunca. Esto le sirvió tanto a los piratas como a sus cazadores. Las armadas tenían poderosos barcos de vapor armados con modernos cañones para cazar piratas.

Galera pirata griega, 500 a. de C.
Con remos y una sola vela, eran más rápidas que los barcos mercantes.

Galeón inglés, 1580
Algunos de los capitanes de mar de la reina Isabel I se enrolaron en la piratería y la vida mercenaria.

Navete inglés, 1400
Los piratas peleaban en barcos con elevadas plataformas de combate o castillos ubicados en las puntas del barco.

East Indiaman holandés, 1700
Estas embarcaciones enfrentaron también ataques piratas.

Galera, 1715
Las galeras inglesas negociaban con esclavos y azúcar en América y eran una buena recompensa para los piratas.

Balandra, Nassau, 1720
Eran veloces, con un solo mástil y con su aparejo de vela áurica, eran ideales para los piratas de las Bahamas.

Buque de guerra, 1815
Barcos británicos armados intentaron acabar con la piratería en el mar de Arabia.

Junco pirata chino, 1845
Estos juncos de tres mástiles tenían 25 m de largo y un gran timón. Cargaban 30 cañones.

Remera a vapor, 1870
Los barcos a vapor ayudaron a los países europeos a erradicar la piratería en el sureste asiático.

Cazapiratas, 70 a. de C.
Este barco romano usado contra los piratas cilicios era un trirreme, una galera con tres hileras de remos.

Barco largo vikingo, 900
Simple pero mortal, el barco largo llevaba una tripulación de hasta 50 hombres. Tenía remos largos y una sola vela.

***Dhow* árabe, 900**
Este diseño clásico de barco es usado hoy día. Su vela triangular se llama latina.

Galeón español, 1580
Este barco del tesoro español, fuertemente armado, era sumamente lento en batalla.

Corsario bárbaro, 1660
Los remeros de estas galeras musulmanas del norte de África, eran esclavos cristianos.

Nota: estos barcos piratas, mercenarios, veleros mercantes y cazapiratas no están a escala.

Corsario maltés, 1660
Galeras de Malta atacaban a los corsarios bárbaros. Eran remados por esclavos musulmanes.

Goleta de vela, 1812
Los mercenarios americanos usaban estos bellos veleros de dos mástiles para atacar cruceros británicos.

Barco armado británico, 1900
En 1900 pocos piratas podían desafiar el poder de las modernas patrullas armadas.

Metal y vapor reemplazaron velas y madera y, con el descubrimiento de la radio, pocas islas remotas o costas solitarias estaban fuera del alcance de la ley.

Bartholomew Roberts (Black Bart)

Christopher Moody

Edward Teach (Barba Negra)

Henry Avery (Long Ben)

John Rackham (Calico Jack)

Thomas Tew

Christopher Condent

▲ Las banderas piratas fueron usadas para infundir temor al enemigo. Tenían usualmente cráneos, espadas, huesos cruzados, diablos y corazones.

Catalejos y banderas piratas

 Las primeras banderas piratas eran rojo sangre. Eran izadas en combate como señal de que nadie sería respetado. Se cree que las palabras francesas *joli rouge* (rojo lindo) se convirtieron en "Jolly Roger", el término inglés para bandera pirata. En las décadas de 1690 y 1700 muchos capitanes piratas diseñaron sus propias banderas. Eran casi siempre negras o blancas con fondo rojo. Las negras se conocen como *blackjacks*.

▲ Esta hermosa bandera fue arrebatada a piratas chinos en 1849. Creían que traía buena suerte y mares calmados. Las flotas piratas de China estaban divididas en grupos de batalla, cada uno de ellos ondeando una bandera de color diferente.

Los piratas tenían que cuidarse de las otras embarcaciones todo el tiempo. Un pirata podía escalar hasta el punto más alto para divisar barcos en el horizonte. El capitán gritaba órdenes a su tripulación desde el alcázar si era necesario cambiar el curso. El pirata galés Howell Davis usaba banderas diferentes para engañar a sus enemigos. Ondeaba una bandera inglesa o francesa, o forzaba veleros que había derrotado a ondear una tela negra, así engañaba a los otros barcos que pensaban que no eran piratas.

▼ Este pirata tiene la nave en curso girando la rueda que mueve el timon. Él revisa la brújula que tiene al frente.

▼ Su compañero de travesía espía las banderas del enemigo a través del telescopio.

El camino

La navegación es la ciencia de encontrar el camino en el mar. La brújula tiene una aguja que indica el norte y marca la dirección del barco. Las cartas de navegación muestran las costas, bancos de arena, corrientes y mareas. El compás mide las distancias en una carta. Con el telescopio o catalejo se podía avistar tierra o un barco a distancia.

▲ El sextante servía para saber la posición de la nave con respecto al sol. El navegante se paraba con su sextante de espaldas a este y medía la sombra.

Vagabundear

¿Cómo era la vida a bordo? Había pocas recompensas en las batallas, la vida era dura y monótona. Si el tiempo estaba calmado, la tripulación, aburrida, se embriagaba y estallaban violentas peleas. En aguas turbulentas la tripulación quedaba empapada de agua salada, quedando helados, amoratados y exhaustos.

▼ Estos piratas están en la cubierta principal de la galera. Un pirata se relaja con su pipa, mientras otro se come los bocadillos preparados para los largos viajes, los cuales estaban casi siempre rancios y llenos de gorgojos. La carne se salaba y secaba en pocas raciones. Mantenían gallinas a bordo por sus huevos, y peces y tortugas eran capturados por los costados de la nave. Con frecuencia había períodos en que las reservas de agua fresca escaseaban. Un naufragio podía llevar a los sobrevivientes a morir de hambre o a convertirse en caníbales.

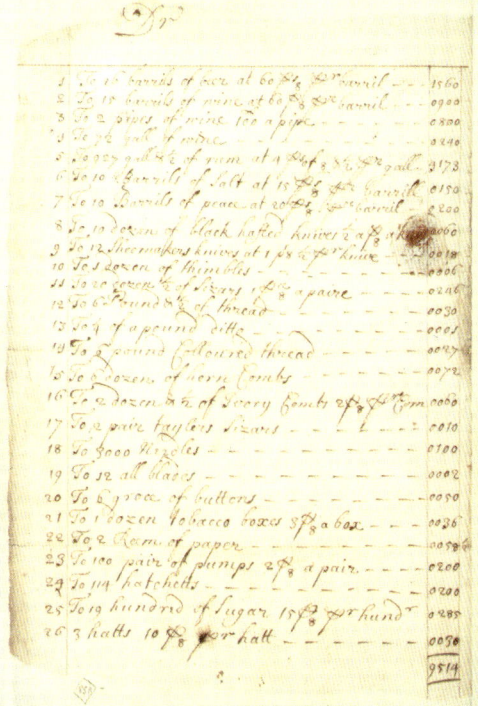

Bitácora

La velocidad de un barco era medida tirando un tronco de madera atado a una cuerda y observando qué longitud de cuerda se estiraba en un tiempo determinado. Los capitanes registraban el progreso diario en una bitácora oficial, que incluía otros detalles de los eventos diarios durante el viaje, como qué miembros de la tripulación habían muerto o habían sido castigados.

En la noche los piratas que no estaban de guardia dormían en las estrechas bodegas. Éste era un oscuro y encerrado mundo, crujiente, en constante movimiento y mareador. Por todas partes había agua empozada y ratas (a los piratas chinos les gustaba comerlas). De día el sol tropical podía lacerar la piel. No había medicinas. Las extremidades que sufrían heridas eran amputadas sin anestesia, generalmente por el carpintero del barco. Para muchos piratas los únicos placeres eran apostar y beber ron.

▲ Los piratas comían pocas frutas y verduras frescas y a veces sufrían de escorbuto. En 1753 James Lind descubrió que comer frutas como la lima podía prevenir enfermedades. El capitán Cook fue el primero en acatar la recomendación de Lind y en incluir limas en la dieta de su tripulación.

"En la cuenta"

Convertirse en pirata era conocido como "entrar en la cuenta". La piratería era un gran negocio. Era criminal y violenta, pero organizada, se firmaban contratos entre capitanes y benefactores. Para evitar el mal comportamiento tenían estrictas reglas. Romperlas significaba recibir azotes o incluso la muerte.

▲ Los capitanes mercenarios como William Kidd estaban amparados por documentos oficiales llamados cartas de marca, que condicionaban los términos de ataque a otras naves, quedando exentos de ser acusados de piratería.

◀ Un acaudalado comerciante negocia un trato secreto con un pirata en una taberna de Nueva York. Los gastos de una expedición pirata eran elevados, pero la recompensa podía ser mayor.

▶ Un pirata que rompía las reglas enfrentaba fuertes castigos por parte de la tripulación. Podía ser abandonado en una remota isla desierta, con agua fresca, armas y pólvora.

Clamor de insurrección

Solo cuando los piratas aceptaban obedecer a su capitán y seguir las reglas, el capitán y cada patrocinador de la expedición debían pagar una compensación a los piratas por cada herida recibida en combate. Un dedo o un ojo perdidos en combate de espadas debían ser recompensados con cien piezas de plata. Una extremidad arrancada por un cañonazo merecía 600 piezas de plata.

Reglas y acuerdos fueron celebrados a lo largo de la historia de la piratería. Las tripulaciones votaban por el curso de acción a seguir. Se veían a sí mismos como hombres libres, que tomaban sus propias decisiones, lo cual no podía hacer normalmente un marino. A veces los piratas tomaban duras decisiones. Si capturaban a un oficial naval al cual habían servido antes, lo trataban con gran crueldad. El "paseo por la tabla" muy famoso en libros, no era un castigo común, pero los prisioneros sí eran torturados y asesinados o arrojados a los tiburones.

Pelear sucio

Para una tripulación pirata, las armas robadas eran tan valiosas como cualquier otro tesoro. A los bucaneros del Caribe les gustaba exhibirse con cuchillos y pistolas. Las usaban contra sus compañeros tanto como contra sus enemigos. Barba Negra disparó bajo la mesa al primero de a bordo, Israel Hands, y le voló la rodilla. Como forajidos, los piratas no tenían nada que perder en una lucha a muerte. Se necesitaron 5 disparos y 20 puñaladas para matar a Barba Negra.

Armas cortagargantas

Los piratas usaban cualquier tipo de armas que pudieran llevar consigo. Los piratas del canal en la Edad Media iban a las batallas armados con garfios y cuchillos. Un caballero pirata de 1720 podía tener un juego de las más finas pistolas. El arma pirata más famosa era la cimitarra. Esta era un simple sable de hoja corta hecho de acero.

daga francesa, 1410

mosquete, 1700

Fuego y humo

En la antigua Asia y Europa una especial mezcla de alquitrán y aceite era arrojada a los barcos enemigos. Se conocía como fuego griego. Los chinos inventaron la pólvora unos mil años atrás, y en 1300 fue usada para disparar cañones primitivos. Con frecuencia esta estallaba matando a los artilleros en lugar de al enemigo. El cañón usado por los piratas en los siglos XVII y XVIII era más confiable. Los piratas generalmente hacían sus propias bombas y granadas de mano.

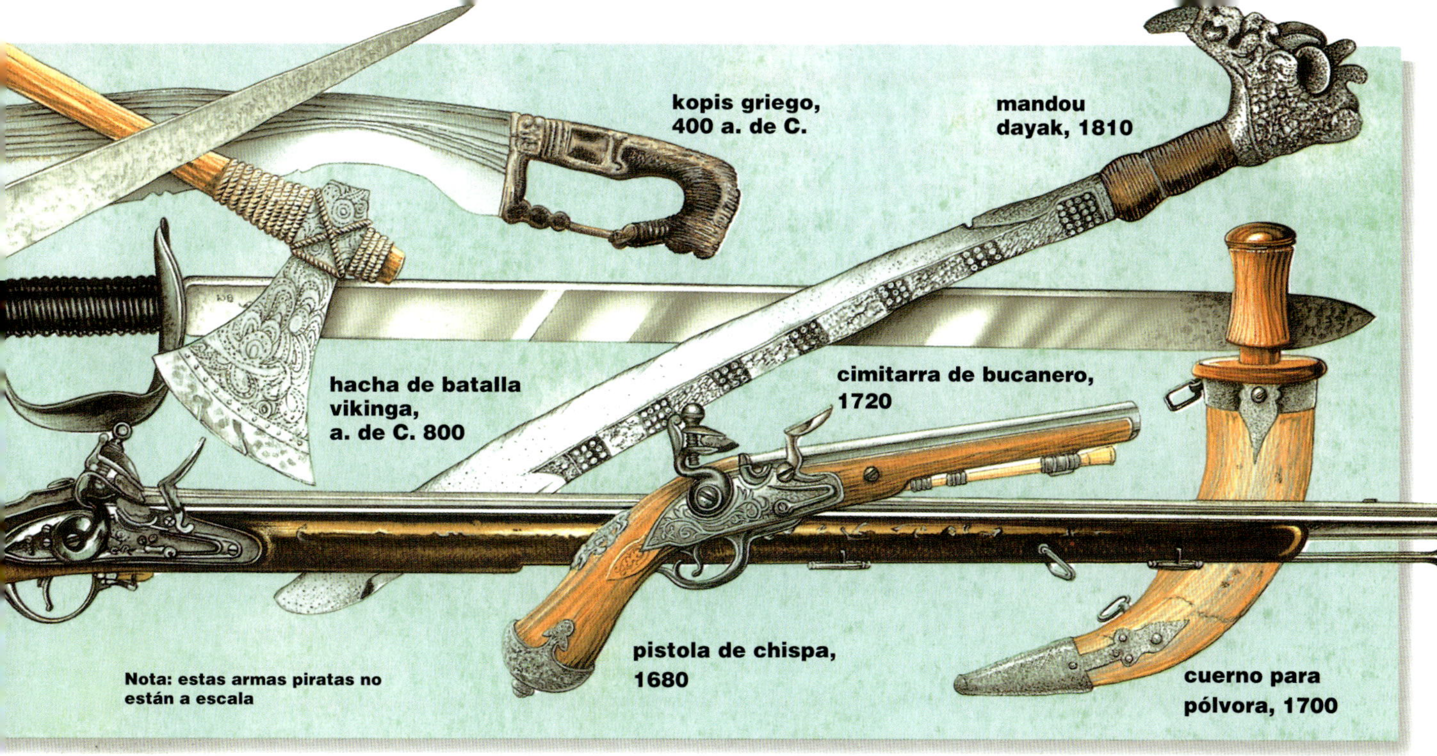

kopis griego, 400 a. de C.

mandou dayak, 1810

hacha de batalla vikinga, a. de C. 800

cimitarra de bucanero, 1720

pistola de chispa, 1680

cuerno para pólvora, 1700

Nota: estas armas piratas no están a escala

◀ Largos cañones se montaban en bases con ruedas. La carga de pólvora era vertida directamente del barril. Entonces el cañón estaba listo y la mecha se encendía. Cuando se disparaba el cañón, este retrocedía con fuerza y era detenido con cuerdas. Cuando el disparo impactaba el velero enemigo, rompía mástiles y lanzaba astillas en todas direcciones.

Muchas de las reglas de la tripulación pirata se referían a las armas. Los piratas debían mantener su armamento listo para la acción todo el tiempo. Eso significaba tener los mosquetes limpios y la pólvora seca incluso en batallas en mares turbulentos y durante tormentas tropicales. Los largos mosquetes y pistolas usadas por los bucaneros a quemarropa en el siglo XVII no eran confiables, eran difíciles de operar y de recargar. Cuando la lucha era mano a mano, los piratas peleaban con cimitarras, dagas y hachas. Se abalanzaban violentamente pateando, lanzando puñetazos y mordiendo.

Tesoro pirata

¿Con qué soñaban los piratas? Oro y plata eran deseados por todos, desde los cilicios del Mediterráneo, hasta los exploradores de la reina Isabel en los dominios españoles. El tesoro tomó forma de lingotes, platos, copas, cruces y monedas. Metales preciosos, joyería y novedosas armas podían ser transportados y vendidos con facilidad. Cargamentos como los de tabaco o azúcar, encontraban también buen mercado. Las especias que traía el barco holandés *East Indiaman* eran valiosas, pero se abandonaban si no aparecía comprador.

▲ Tripulación pirata compartiendo el botín como lo acordaron en su contrato. Las ganancias podían ser de £150.000 o más, muchos millones en la actualidad. Algunos capitanes trataban de engañar a su tripulación alejándose en sus barcos antes de repartir el botín.

▶ Existen pocos reportes de tesoros abandonados o mapas secretos. Los piratas anclaban en la noche para esconder sus tesoros en islas remotas. Muchos usaron el truco de los viejos truhanes, que consistía en anclar barriles con contrabando en el lecho marino, lastrándolos con piedras.

Monedas de ocho

Las monedas acuñadas en los dominios españoles fueron enviadas de vuelta a Europa en la flota del tesoro. Incluían doblones y monedas de ocho reales. Aunque real significa perteneciente a los reyes, los bucaneros llamaban a los reales monedas de ocho. Este tipo de monedas fue usada en el Caribe durante años.

En un asalto los piratas tomaban cuanto podían usar: armas, herramientas, medicinas, cuerdas, banderas y velas. A veces tomaban la nave, forzando a su tripulación a unírseles. Los barcos que no servían eran hundidos o "agujereados". David Jones lo hacía en la década de 1630. Desde entonces se dijo que lo que se sumergía en el mar, "era enviado al casillero de David Jones".

Riquezas escondidas

Los cazadores de tesoros tal vez nunca encontraron cofres de oro escondidos *por* piratas, pero sí se han encontrado riquezas escondidas *de* los piratas. Los romanos ricos de Gran Bretaña escondieron sus tesoros de los piratas sajones. Los monjes enterraban los tesoros para evitar que los vikingos los tomaran. En los dominios españoles los curas pintaban los altares de blanco, para que los bucaneros de Morgan pensaran que eran de madera.

Muerte de un pirata

Pocos piratas vivieron para disfrutar su fortuna. Algunos, como el inglés Sir Henry Mainwaring, ganaron el perdón y abandonaron la piratería. Muchos murieron en brutales batallas. Thomas Tew recibió un disparo en el ataque al barco mongol *Fateh Muhammad* en 1695. Thomas Anstis fue asesinado en el Caribe cerca de 1723 por su tripulación. John Ward, corsario bárbaro bajo el nombre de Yusuf Raïs, murió por la plaga en Túnez en 1622. Los que murieron en casa, como Henry Avery, generalmente lo hicieron en la pobreza y el olvido.

La muerte de William Marsh
William de Marisco, o Marsh, tenía su base pirata en la isla Lundy, en el canal de Bristol. Fue capturado en 1242 y llevado a Londres. Allí fue arrastrado por las calles, ahorcado, descuartizado (cortado en cuatro partes) y luego quemado.

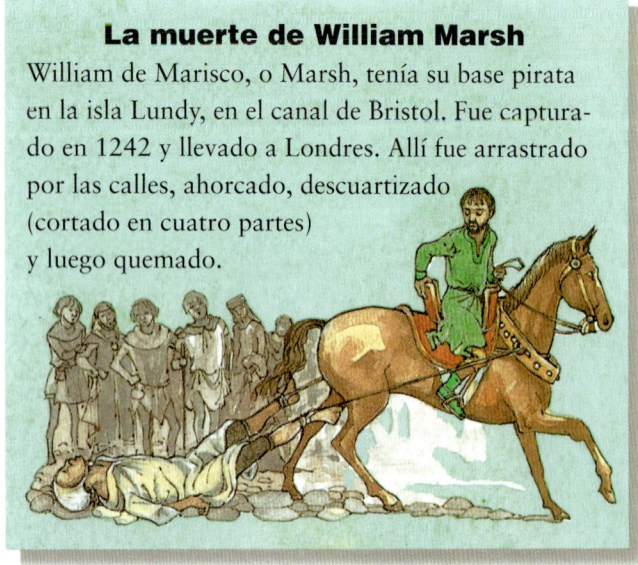

▶ Grandes multitudes se reunían para ver a los piratas ser ahorcados en el patíbulo cerca del río Támesis. Sus cuerpos eran puestos en jaulas para que nadie robara sus huesos y los enterrara. El cuerpo cubierto de alquitrán de Kidd se balanceó en el patíbulo en 1701.

THE

TRYALS

OF

Captain John Rackam,

AND OTHER

PIRATES, *Viz.*

Geroge Fetherston,	Noah Harwood,
Richard Corner,	James Dobbins,
John Davies,	Patrick Carty,
John Howell,	Thomas Earl,
Tho. Bourn, *alias* Brown,	John Fenwick, *or* Fenis

Who were all Condemn'd for PIRACY, *at the Town of* St. Jago de la Vega, *in the Island of* JAMAICA, *on* Wednesday *and* Thursday *the Sixteenth and Seventeenth Days of* November 1720.

AS ALSO, THE

TRYALS *of* Mary Read *and* Anne Bonny, *alias* Bonn, *on Monday the 28th Day of the said Month of* November, *at* St. *Jago de la Vega aforesaid.* 1720

And of several Others, who were also condemn'd for PIRACY.

ALSO,

A True Copy of the Act of Parliament made for the more effectual suppression of Piracy.

Jamaica: Printed by *Robert Baldwin*, in the Year 1721.

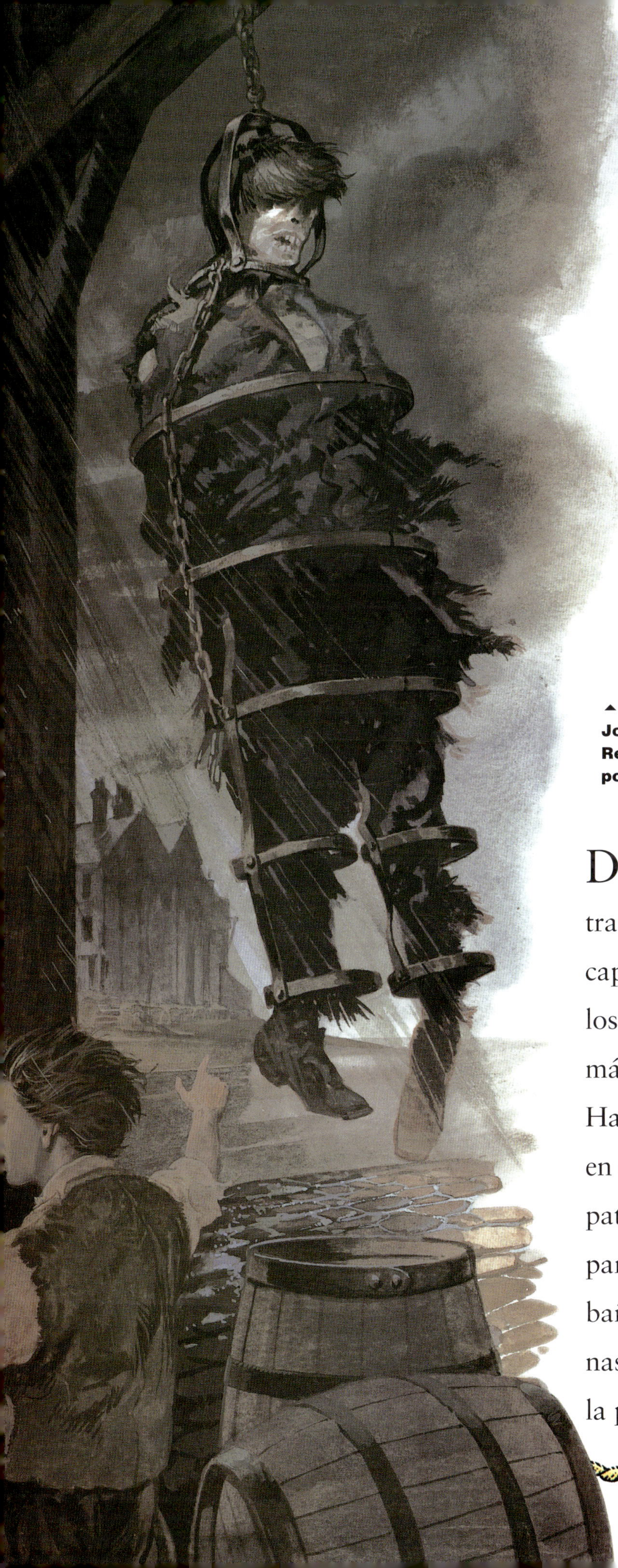

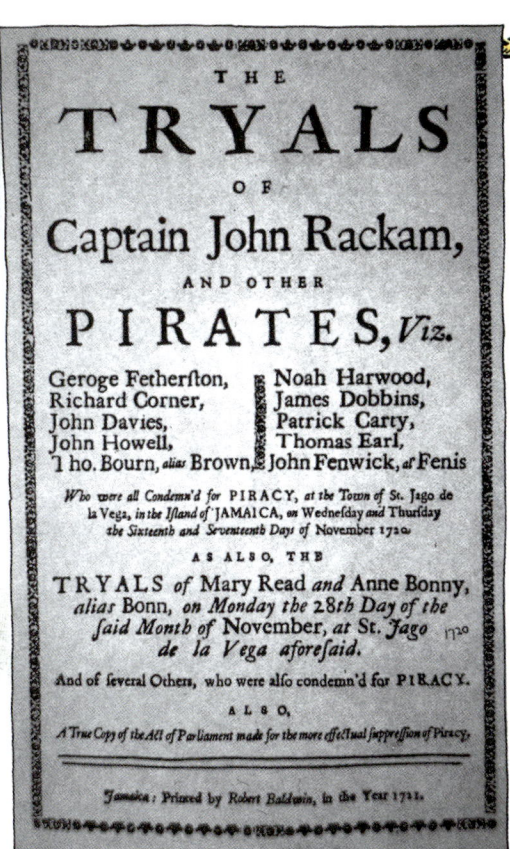

▲ **El pueblo amaba leer los reportes sobre el juicio de John Rackham (Calico Jack), Anne Bonny y Mary Read. En el siglo XVIII se escribieron canciones populares sobre piratas y sus diabólicos actos.**

Desde los tiempos antiguos las leyes contra la piratería fueron severas. Los piratas capturados eran torturados y esclavizados, los romanos los crucificaban. El pirata alemán Störtebeker fue decapitado en Hamburgo en 1402. Los piratas ingleses en el siglo XVIII fueron ahorcados en el patíbulo de Londres. El nudo se soltaba para limpiar los cuerpos, los cuales eran bañados en alquitrán y colgados con cadenas como advertencia para todos, de que la piratería nunca paga.

TIEMPOS DE CAMBIO

Los piratas europeos que aterrorizaban los océanos entre 1500 y 1800 fueron combatidos al mismo tiempo que Europa trataba de tener el control del resto del mundo, construyendo grandes imperios al otro lado del mar. Muchos piratas asolaron los nuevos imperios. Otros, como Hernry Morgan, ayudaron a construirlos.

▼ El 13 de noviembre de 1809, la base pirata de Ra's al Khayma, en el golfo Pérsico, fue destruida por la fuerza de avanzada británica. La piratería pronto sintió la presión alrededor del mundo.

▲ Estos piratas chinos capturados fueron fotografiados a bordo de la patrulla naval británica. La lucha contra la piratería en el mar de China meridional duró desde 1840 hasta la década de 1920.

Alrededor de 1850, el largo período de la piratería iba llegando a su fin. Inglaterra y otros países europeos dominaban gran parte del mundo. Controlaban el comercio y tenían las armas y barcos más poderosos. El bombardeo de Argelia, en 1816, marcó el fin del poder de la piratería bárbara en el Mediterráneo. La esclavitud lentamente desapareció. Los barcos de guerra alemanes patrullaban el sureste asiático y los ingleses atacaban a los piratas del mar de China meridional.

▶ En 1840 un explorador británico llamado James Brooke se convirtió en rajah (gobernante) de Sarawack, en la isla de Borneo. Organizó una serie de ataques devastadores contra los piratas de Dayak.

53

La piratería hoy

La piratería nunca volvió a ser lo que era hace 300 años. Pero no ha desaparecido del todo. Grupos políticos han secuestrado barcos y tratado de asesinar a su tripulación y a sus pasajeros si sus demandas no son atendidas. Los piratas del sureste asiático han atacado embarcaciones locales, grandes cargueros y barcos cisterna internacionales. Lujosos yates han sido robados y asaltados en el Caribe.

▶ **Los piratas confían en la velocidad y la sorpresa. Usan pequeños botes y se arman con poderosos rifles de asalto. Los enormes barcos modernos cuentan con muy poca tripulación, la cual es sometida fácilmente.**

Los piratas modernos solo roban a la tripulación relojes, cámaras de video y dinero. En ocasiones secuestran el barco entero para luego vender su cargamento.

La gente siempre ha amado las historias de piratas. En el siglo XVIII, canciones y obras sobre bucaneros fueron escritas. En el siglo XIX y principios del XX, los piratas de los cuentos eran más famosos que los reales. La gente se ríe hoy de *Los piratas de Penzance*, una ópera cómica de Gilbert y Sullivan, presentada por primera vez el 3 de abril de 1880 en la Opera Comique de Londres. Pero no había nada cómico en el frío acero de una cimitarra a través de las costillas, o la visión de una bandera con una calavera y huesos atravesados.

▶ Long John Silver, con su pata de palo aparece acompañado por su loro parlanchín. Él es el protagonista principal de la más famosa de todas las historias de piratas, *La isla del tesoro*. Fue escrita por el escocés Robert Louis Stevenson en 1881 para su hijastro. Se trata de un mapa, de un tesoro escondido y de un motín liderado por Long John Silver a bordo de la *Hispaniola*.

▲ Esta escena de muerte y dolor es de una película de 1995, *La isla de las gargantas cortadas*. Desde la década de 1920 Hollywood ha hecho películas que muestran aventuras de románticos bucaneros. Pocas películas han mostrado a los piratas como eran en realidad: desesperados, hambrientos, desalmados, crueles y violentos luchadores.

Piratas de la ficción
Peter Pan de J. M. Barrie, publicada en 1904 e interpretada por primera vez en teatro en 1911.
La isla de coral de R. M. Ballantyne, publicada en 1857.
La isla del tesoro de R. L. Stevenson, publicada en 1883.

Piratas reales
Testigo pirata de Richard Platt, publicada por Dorling Kindersley en 1995.
Vida entre los piratas de David Cordingly, publicada por Little Brown en 1995.
Realidad y ficción de los piratas de David Cordingly y John Falconer, publicada por Collins & Brown en 1992.
Piratas y tesoros de Saviour Pirotta, publicada por Wayland en 1995.

Piratas de película
La isla de las gargantas cortadas, 1995, protagonizada por Geena Davis.
Garfio, 1991, protagonizada por Dustin Hoffman, Robin Williams y Julia Roberts.
Piratas del Caribe, 2003, protagonizada por Johnny Depp y Orlando Bloom.
La isla del tesoro, la película, 1995, interpretada por los Muppets. Hay muchas películas viejas, una de las mejores es *El capitán Sangre*, 1935, protagonizada por Errol Flynn y Olivia de Havilland.

Galería de valientes

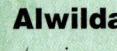

Alwilda
(activa en el siglo V)
De esta princesa de Gotland, Suecia, se dice que se volvió pirata cuando su padre trató de obligarla a casarse. Cambió de parecer sobre su futuro esposo cuando la capturó en una batalla naval.

Kanhoji Angria (murió en 1729)
Fue el primero en su familia en liderar ataques a barcos británicos en las costas de India en la década de 1700.

Henry Avery (Long Ben)
(c. 1685-1728)
El "archipirata", un inglés que se volvió famoso por su brutal ataque al barco *Gang-i-Sawai* en el mar de Arabia.

Aruj Barbarossa (murió en 1518) y Kheir-ed-din Barbarossa (murió en 1566)
Los hermanos griegos Barbarossa (Barba Roja) corsarios bárbaros pioneros en la década de 1500, atacaron barcos cristianos y ciudades en el Mediterráneo.

Jean Bart (1651–1702)
Hijo de pescadores de Dunkirk asoló las flotas del mar del Norte y del canal inglés. Sirvió en la armada alemana y se convirtió en un mercenario de Francia. Su escape en una balsa de Plymouth, Devon, fue famoso.

Bartolomeo el Portugués
(activo entre 1660-1670)
Famoso por sus escapes afortunados, fue uno de los primeros en establecer su base en Jamaica. Su suerte acabó en un naufragio.

Sam "Black" Bellamy
(activo entre 1715-1717)
Nacido en Devon, viajó a Cabo Cod, EE. UU., c. 1715. Fue a la Florida en busca del tesoro español. Capturó el *Whydah* en 1717, murió cuando este se hundió en una tormenta.

Stede Bonnet (murió en 1718)
Respetable hombre de negocios, decidió volverse criminal. Barba Negra se burlaba de su atuendo. Fue ahorcado en Charleston, EE. UU., en 1718.

Anne Bonny (activa en 1719)
Esta irlandesa dejó a su marido por Calico Jack en las Bahamas. Las mujeres eran vetadas en los barcos piratas en el siglo XVIII, pero ella se volvió la más famosa luchadora de su época. Cuando Jack fue ahorcado en Jamaica, Bonny fue perdonada por estar embarazada.

Roche Brasiliano
(activo en la década de 1670)
Bucanero alemán, vivió en Brasil antes de radicarse en Jamaica en la década de 1670. Bebedor, famoso por su crueldad, fue elegido capitán y aterrorizó barcos españoles.

Nicholas Brown
(murió en 1726)
Conocido como el Gran Pirata, recibió el perdón real pero volvió a atacar barcos en Jamaica. Fue capturado por su amigo de infancia John Drudge. Cuando Brown murió, Drudge cortó su cabeza y la conservó para cobrar una recompensa.

Madame Cheng
(activa entre 1807-1810)
Tomó la flota de su marido cuando murió y la convirtió en una gran organización. Famosa en el mar de China meridional por su crueldad.

Christopher Condent
(activo entre 1718-1720)
Nació en Plymouth, Devon. En las Bahamas tomó la Ronda Pirata y atacó barcos de África y Arabia, se estableció en Madagascar y la isla Mauricio antes de su retiro en Saint-Malo.

Cui Apu (murió en 1851)
Este chino tenía una flota de más de 500 juncos en el mar de China meridional. Sus actividades fueron frenadas por los británicos.

William Dampier (1652–1715)
Venía de Somerset, peleó contra los bucaneros de Centroamérica. Abandonado en las islas Nicobar en el Índico, escapó en una canoa y escribió *Viaje alrededor del mundo* (1697). Exploró las aguas de Australia.

Simon Danziger o Dansker (Dali Raïs, el Capitán Demonio) (murió en 1611) Mercenario alemán navegó cerca de Marsella al sur de Francia en la década de 1600, y se unió a los corsarios bárbaros. Capturó barcos cristianos y adquirió las habilidades de los musulmanes para entrar en el Atlántico norte. Cambió de bando y fue asesinado en Túnez.

Howell Davis (activo en 1719) Pirata galés, atacó barcos de esclavos fuera de las costas de Guinea. Fue asesinado en una emboscada en la colonia portuguesa de Príncipe.

Francis Drake (c. 1540-1596) Gran explorador y marinero inglés. Entre 1578 y 1580 navegó por el mundo en el *Golden Hind*, ingresó a la piratería y a la actividad mercenaria, fue ordenado caballero por Isabel I a su regreso.

Réné Duguay-Trouin (1673–1736) Corsario bretón de Saint-Malo, se hizo famoso por sus ataques a barcos británicos, fue comandante naval de Francia y recibió reconocimientos.

Peter Easton (activo entre 1607-1612) Fue un pirata inglés que comandó 17 barcos y llevó a cabo ataques desde Newfoundland, EE. UU., hasta el oriente de África. Hizo una gran fortuna y se asentó en Francia donde fue nombrado marqués.

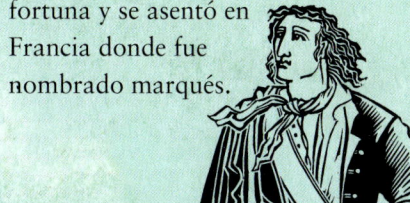

Edward England (murió c. 1720) El nombre verdadero de este irlandés era Jaspes Seager. Navegó con Bartholomew Roberts por la costa de Guinea y fue abandonado en la isla Mauricio.

Eustace (El Monje Negro) (activo en la década de 1200) Este monje flamenco asaltó barcos en el canal inglés. Se decía que tenía un pacto con el diablo para hacer su nave invisible. Fue derrotado en una batalla en 1217 y decapitado.

John Evans (activo en la década de 1720) Capitán galés terminó en Port Royal, Jamaica. En 1722, él y su tripulación atacaron con una pequeña piragua la costa de Jamaica, capturando varios barcos. Recibió un disparo de su lugarteniente, saliendo de Gran Caimán.

Alexandre Exquemelin (activo entre 1660-1690) Al parecer nació en Normandia, Francia. Exquemelin viajó al Caribe como ayudante médico con la French West India Company, uniéndose a los bucaneros de la isla Tortuga. De vuelta a Europa escribió el famoso *Bucaneros de América* (1678), y volvió a territorios españoles en 1690.

Jean Fleury o Florin (murió en 1527) Uno de los primeros corsarios franceses en atacar la flota del tesoro español, era un mercenario al servicio del vizconde de Dieppe.

Antonio Fuët (activo entre 1660-1690) Pirata francés de Narbonne conocido como Capitán Moidore. Cuando estaba atacando un barco, cargó su cañón con moidores, un tipo de moneda usado en Portugal y Brasil.

Klein Hänslein (Little Jack) (murió en 1573) Este alemán atacó barcos en el mar del Norte en la década de 1570, fue ejecutado con su tripulación en Hamburgo.

Sir John Hawkins (1532–1595) Mercenario de Plymouth, fue uno de los primeros mercaderes en transportar esclavos desde la costa de África al Caribe.

Victor Hugues (activo en la década de 1790) Nacido en Marsella, perdió sus negocios en Haití cuando los esclavos pelearon por su libertad. Se volvió pirata e hizo una gran fortuna asaltando barcos cerca de Guadalupe.

Jan Jansz (Murad Raïs) (activo en la década de 1620) Este mercenario alemán se unió a los corsarios bárbaros y en 1627 lideró una flota musulmana a Islandia, donde asaltó e hizo esclavos.

John Paul Jones (1747–1792) Este escocés, se convirtió en héroe en Estados Unidos, durante la guerra de independencia, atacaba barcos en las costas británicas y fue condenado como pirata. Fue segundo almirante en la armada rusa. Murió en Francia.

William Kidd

(c. 1645–1701)
Capitán escocés, vivía en Nueva York. Fue comisionado mercenario pero se volvió pirata en el océano Índico y fue ahorcado en 1701 en Londres.

Lady Mary Killigrew

(activa en la década de 1580)
La familia Killigrew patrocinaba la piratería en Cornwall. En 1583 un barco español llegó a Falmouth por las tormentas. Lady Killigrew mató a la tripulación y robó la carga. Fue sentenciada a muerte, pero fue dejada en libertad.

Jean Lafitte

(activo en la década de 1810)
Pirata francés, atacó barcos en el Caribe y en el Índico. Se volvió mafioso en Nueva Orleans. Se convirtió en héroe después de defender la ciudad de los ingleses en 1812.

François le Clerc

(activo entre 1553-1554)
Mercenario francés conocido como Jambe de Bois (Pata de Palo) por su pierna de madera. Atacó barcos españoles de Puerto Rico y La Española, y saqueó el puerto de Santiago de Cuba con 8 naves y 300 hombres.

François l'Ollonois (Jean-David Nau)

(activo en la década de 1660)
Nació en Sables d'Olonne, Francia. Se convirtió en el más cruel de los bucaneros. Hizo parte de terribles ataques a tierras españolas, fue capturado por guerreros nativos de América, cortado en pedazos y quemado.

George Lowther

(activo en la década de 1720)
Navegó al occidente africano como segundo al mando en el barco mercante *Gambia Castle*, junto con algunos tripulantes tomó el velero cambiándole el nombre por *Delivery*. Ejerció la piratería en las costas del Caribe y Norteamérica. En 1728 fueron atacados. Se cree que Lowther se disparó a sí mismo; parte de su tripulación fue ahorcada.

Henry Mainwaring

(1587–1653)
Este caballero inglés fue un cazador de piratas que terminó convirtiéndose en uno de ellos. Su base fue Marruecos desde 1612, atacando barcos mercantes del Mediterráneo durante cuatro años. Volvió a Inglaterra y recibió el perdón.

William Marsh o de Marisco (murió en 1242)

Enemigo del rey Enrique III de Inglaterra, se estableció en Lundy en el canal de Bristol. Atacaba barcos irlandeses y cobraba rescates.

Henry Morgan (c. 1635–1688)

En su juventud este bucanero galés fue secuestrado en el puerto de Bristol y llevado a Barbados. En el Caribe organizó ataques contra los españoles, planeados con precisión, pero sin misericordia. Fue honrado por el gobierno británico en Jamaica después de morir por la bebida.

Grace O'Malley

(activa entre 1560-1580)
Noble irlandesa, lideró ataques a barcos en la costa de Irlanda. En 1593 ganó el perdón y una pensión de la reina Isabel I. Se retiró dejando sus negocios a sus hijos.

James Plantain

(activo en la década de 1720)
Nacido en Jamaica, este pirata hizo su base en Madagascar. Construyó una fortaleza en la bahía de Ranter y se declaró a sí mismo rey. Tenía varias esposas y se decía que vivía lujosamente.

John Rackham (Calico Jack) (murió en 1720)

John Rackham y Anne Bonny se hicieron compañeros en las Bahamas en 1719. Rackham fue ahorcado en Jamaica en 1720. "Si hubiera peleado como hombre —dijo Anne— no hubiera sido colgado como perro".

Raga (activo en la década de 1820)

Jefe de los piratas malayos en las cercanías de Makasar, tomó barcos europeos y decapitó a su tripulación. Su base en Kuala Batu, Sumatra, fue destruida por tropas americanas.

Rahmah bin Jabr

(c. 1756–1826)
El más famoso pirata del golfo Pérsico. Este capitán tuerto voló barcos por 50 años. A los 70 años, en medio de una batalla contra la armada británica, prendió fuego a su propia santabárbara, volando a la mitad de sus enemigos y a sí mismo.

Sir Walter Raleigh
(1552–1618)
Servidor y navegante de Isabel, realizó expediciones bajo sus órdenes para establecer una colonia en Virginia, Norteamérica. A la muerte de la reina Isabel I, su fortuna cambió. En 1616 persuadió a Jorge I para que lo enviara en una expedición en busca de oro, regresó sin botín y fue decapitado.

Mary Read
(activa entre 1719-1721)
Esta inglesa que vestía como hombre peleó en Flanders y tuvo una taberna después de navegar al Caribe. Cuando su barco fue capturado por Bonny y Rackham, se unió a ellos. Al igual que Bonny, escapó de sus verdugos por estar embarazada. Murió de fiebre en Jamaica en 1721.

Basil Ringrose (1653–1686)
Este inglés viajó por Panamá con Bartholomew Sharp y sus bucaneros entre 1680 y 1682 y escribió sobre sus viajes. Fue asesinado en México.

Bartholomew Roberts (Black Bart) (1682–1722)
Capitán pirata galés, se dice que Roberts asaltó más de 400 barcos en el occidente de África y el Caribe. Capturó la *Sagrada Familia*, un velero portugués cargado con diamantes y bienes de Brasil.

Abraham Samuel
(activo en la década de 1690)
Una mezcla de africano y europeo, el jamaiquino Abraham Samuel, se proclamó rey del puerto de Dauphin, en Madagascar.

Richard Sawkins
(murió en 1680)
Capitán bucanero del Caribe, atacó barcos españoles y se enroló en la armada británica. Peleó en Panamá y fue asesinado en Pueblo Nuevo.

Störtebeker
(activo en la década de 1390)
Este mercader formó una banda pirata llamada "Los amigos de Dios, los enemigos del mundo". Navegaron a través del mar Báltico y atacaron Bergen, Noruega. Fue ejecutado en 1402.

Robert Surcouf (1773–1827)
Originario del paraíso de los corsarios, Saint-Malo, atacó barcos ingleses en el Índico con gran éxito. Capturó el *Triton* en 1795 y el *Kent* en 1800.

Sweyn Forkbeard
(murió en 1014)
Rey vikingo de Dinamarca, Sweyn derrotó y mató a su propio padre, Harald Bluetooth. Lideró ataques contra Inglaterra, recibiendo grandes rescates.

Edward Teach o Thatch (Barba Negra)
(murió en 1718)
Un loco pirata con pelo y barba atados en trenzas. Aterrorizó Norteamérica, fue asesinado en batalla. Su fama se extendió por el mundo.

Thomas Tew
(murió en 1695)
Nacido en Rhode Island, comandó el barco *Amity* y atacó barcos mongoles en el océano Índico. Hizo una fortuna en su primer viaje, fue asesinado en el segundo.

Charles Vane (murió en 1720)
Cuando llegó a Nueva Providencia en 1718, ya era conocido como pistolero. Aterrorizó barcos del Caribe, perdió su barco en una tormenta en 1720. Fue ahorcado en Jamaica.

Francis Verney (1584–1615)
Este caballero inglés se "volvió turco" y corsario bárbaro a los 23 años. Con base en Argel, atacaba barcos ingleses, fue capturado y esclavizado por una galera cristiana.

John Ward (Yusuf Raïs)
(*c*. 1553–1622)
Capitán inglés convertido en corsario bárbaro, tenía su base en Túnez, donde murió por la plaga.

Glosario

abandono Dejar a alguien en una isla desierta como castigo.

aparejos Sistema de cuerdas usado para soportar el mástil y las velas de una embarcación.

arpeo Ganchos de metal o garfios utilizados para alcanzar los barcos enemigos y luego abordarlos.

arqueólogo Persona que estudia las artes y monumentos de la antigüedad a través de ruinas y naufragios.

balandra Velero ligero de un solo mástil.

barco largo Embarcación usada por los saqueadores vikingos.

barco mercante Embarcación cuyo oficio es transportar mercancías.

blackjack

blackjack Bandera pirata a blanco y negro usada por los piratas desde 1690.

botín Bienes robados o ganados por la fuerza.

brújula Instrumento utilizado para hallar el norte en la navegación.

bucanero Forajido pirata, establecido desde 1630 en las islas del Caribe.

cabrestante Máquina giratoria empujada por la tripulación para levar el ancla.

canibalismo Comer seres humanos.

canoa Pequeña embarcación construida con un tronco hueco de madera.

cañón Arma larga de fuego montada sobre ruedas.

carabela Pequeña embarcación de tres velas usada por portugueses y españoles entre 1400 y 1500.

carenar Realizar reparaciones de una embarcación en tierra.

carta de navegación Mapa de los océanos y las líneas costeras.

cartas de marca Autorización o documento oficial usado por los mercenarios.

casco Parte externa de la cubierta de un barco.

castillo Plataforma de batalla de las naves medievales ubicada en la parte final de la embarcación.

cimitarra Tipo de espada desarrollada por los hacedores de cuchillos de los primeros bucaneros.

colonia (1) Asentamiento más allá de los mares. (2) Un país regido por otro.

comisión Autorización que se le daba a los mercenarios para atacar barcos enemigos.

compensación Dinero pagado por recibir una herida o perder un miembro.

contrabando Importar bienes sin pagar impuesto por ellos.

corsario (1) Pirata o mercenario preferiblemente de las costas del Mediterráneo, o el norte de Francia. (2) Barco usado por un corsario.

crustáceos Pequeñas criaturas que se incrustan en las rocas y en los cascos de los barcos bajo el agua.

cuaderno de bitácora Diario en el que se registran los acontecimientos de los viajes.

cuerno para pólvora Contenedor usado para llevar la pólvora del mosquete.

mascarón de proa

dhow Crucero árabe de velas triangulares.

doblón Moneda de oro española.

dominio español (1) Partes del territorio americano conquistadas por los españoles. (2) Todo el Caribe.

empalmar Juntar dos cuerdas.

entrar en la cuenta Convertirse en pirata.

esclavo Alguien privado de su libertad que trabaja bajo las ordenes de otro.

escorbuto Enfermedad causada por la escasez de vitamina C. Los marinos la sufrían debido a que no comían frutas ni vegetales suficientes.

patíbulo

escotilla Abertura en la cubierta de un barco.

espolón Punta alargada del frente de las antiguas galeras, usada para embestir embarcaciones enemigas.

estopa Fibras sobrantes de las sogas utilizadas para impermeabilización.

evidencia Hechos puestos a consideración por la corte de justicia durante un juicio.

grappling iron

filibustero Bucanero francés en el Caribe.

galeón Gran embarcación usada por los españoles entre 1500 y 1600.

galera (1) Cualquier barco de guerra impulsado por remos y velas. (2) La cocina de un barco.

goleta Veloz barco de dos mástiles.

granada Bomba de mano.

cabrestante

impuesto Dinero pagado al gobierno.

Islas de las Especias Antiguo nombre de las islas del sureste asiático en donde se cultivaban especias.

jolly roger Cualquier bandera pirata.

junco Barco largo de madera utilizado por los navegantes chinos.

juntas Espacio entre dos placas en un barco de madera.

lastre Cualquier metal pesado que da peso y estabiliza al barco.

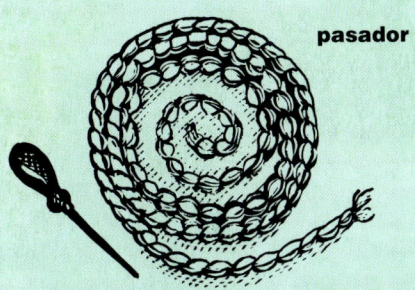

pasador

mascarón de proa Talla de madera pintada situada en el frente del barco.

mástil Palo de una embarcación que sirve para sostener las velas.

mercenario Persona a la que se le otorga permiso legal para atacar barcos mercantes enemigos y que comparte sus ganancias con el gobernante.

monedas de ocho Tipo de moneda española.

mosquete Esta arma de mano con cañón alargado es una versión temprana del rifle.

monedas de ocho

motón Polea por donde pasan los cabos.

nudo (1) Método para atar una o más cuerdas. (2) Velocidad, una milla náutica por hora.

Nuevo Mundo Término europeo para referirse a las tierras americanas.

pañol de vela Compartimiento donde se guardan las velas.

paraíso Puerto seguro para anclar.

pasador Herramienta de metal con aguda punta, usada para trabajar las cuerdas.

patíbulo Estructura de madera para ejecutar y exponer a los criminales.

piragua Canoa hecha con la pieza de un tronco.

pirata Persona que ataca barcos o asentamientos costeros con el propósito de saquear.

prahu Ligero y rápido bote, usado por los piratas en el sureste asiático.

proa y popa Partes anterior y posterior de un barco.

quilla Pieza de madera o hierro que va de popa a proa por la parte inferior y en que se asienta toda su armazón.

raïs Capitán al servicio de los corsarios bárbaros.

redencionista Misionero cristiano que reunía fondos para liberar prisioneros de piratas.

relleno Mezcla de aserrín y alquitrán que se utiliza para impermeabilizar un barco.

rescate Tarifa demandada para liberar a los cautivos.

reserva de agua Depósito de agua para suplir su falta en alta mar.

ron Fuerte bebida alcohólica hecha de caña de azúcar.

Ronda Pirata Viaje de ida y vuelta de los piratas desde Estados Unidos o el Caribe, hasta el occidente de África y el océano Índico.

santabárbara Sitio donde se almacena la pólvora.

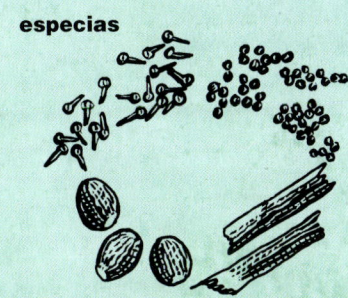

cuerno para pólvora

saqueador Cualquier pirata, mercenario o asaltante.

sentinas Cavidad inferior de la nave, donde se acumulan las aguas que se filtran por los costados.

sextante Elemento usado para medir la posición de un barco.

someter Subyugar a una tripulación.

sotavento Parte o costado de la embarcación protegido, opuesto a la dirección de donde procede el viento, el lado expuesto.

especias

taberna Hostal o casa pública.

tesoro Bienes de gran valor como el oro y la plata.

tifón Violenta tormenta en el océano Pacífico.

timón Pedazo de madera adosado a la parte posterior del barco, usada para dar dirección al mismo.

trirreme Galera con tres hileras de remos.

Índice

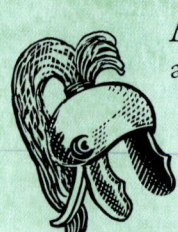

A
abandono 45, 61
Adventure Galley 34-35
África 16, 22-26
Alwilda 56
Amity 31
Angria, familia 28
Angria, Kanhoji 29, 56
Anstis, Thomas 50
aparejo(s) 36-37, 60
árabes 23, 39
armería 34
arqueólogos 6, 7, 60
Avery, Henry 30, 31, 40, 50, 56

B
balandra 38, 60
banderas 40, 60
Barba Negra 20, 21, 40, 46, 59
Barbarossa, Hermanos 25
barco largo 60
barcos 11, 34-39
Bart, Jean 13, 56
Bartholomeo el Portugués 17, 56
Bellamy, Sam 6, 7, 56
Berbería, costa de 23, 24-25
blackjacks 40, 60
Bonnet, Stede 21, 56
Bonny, Anne 19, 56
Borneo 33
Boucan 16
Brasiliano, Roche 17, 56
Brooke, James 53
Brown, Nicholas 56
brújula 41, 60

C
Calico Jack 19, 40, 51, 58
canal inglés 12, 13
canibalismo 43, 60

cañón 34, 37, 46-47, 60
Caribe 5, 14, 16-17, 20, 35, 46, 49, 54
carta 41, 60
Cartagena 5
cartas de marca 44, 60
castigo 45
catalejo 41
25, 31, 39
Cheng I 33
chinos 32, 33, 40, 43, 46, 53
cilicios 8-9, 39, 48
cimitarra 46, 47, 60
Cliford, Barry 7
Colón, Cristóbal 15
Condent, Christopher 40, 56
contrabando 48, 61
corsario 5, 13, 15, 23, 24, 25, 60
cristianos 24,
Cuba 14, 16
cuerdas 37
Cui Apu 32, 56

D
Dampier, William 7, 56
Danziger, Simón 25, 57
Davis, Howell 23, 41, 57
Davy Jones, casillero de 49
Dayak 33, 53
Defoe, Daniel 27
Derby 28
Dhow 49, 60
doblón 49, 60
dominio español 48, 49, 60
Drake, Sir Francis 5, 15, 57
Duguay-Trouin, Réné 13, 57

E
Easton, Peter 57
England, Edward 26, 57
esclavo 23, 61
Escocia 12
escorbuto 43, 60
España 9, 15, 17, 18, 24

espolón 8, 60
Eustace el "Monje Negro" 57
Evans, John 57
Exquemelin, Alexandre 7, 57

F
Fateh Muhammad 50
fenicios 9
filibustero 5, 60
Filipinas 33
Francia 9, 10, 16
Fuët, Antonio 57

G
galeón 14, 35, 38, 39, 60
galera 8, 38, 60
Gales 12
Gang-i-Sawai 30
Gilbert y Sullivan 55
goleta 39, 61
griegos 4, 9
Groenlandia 10
Guinea, costa de 23, 26, 31

H
Hands, Israel 46
Hanslein, Klein 12, 57
Hawkins, Sir John 57
hermanos de la costa 16
herramientas 27
Hugues, Victor 57

I
Ilanum, piratas de 33
India 30
Índico, océano 23, 26, 29, 31, 32
Irlanda 10, 12
Islandia 10, 25
Islas de las Especias 30, 33, 61

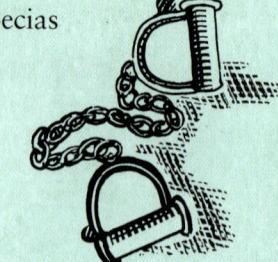

J
Jamaica 16, 18, 19
Jansz, Jan 25, 57
Japón 33
Jolly Roger 40, 60
Jones, John Paul 57
junco 38, 61
juntas 27, 61

K
Kidd, William 31, 34-35, 44, 50, 58
Killigrew, Lady Mary 58

L
La Española 16
Lafitte, Jean 20, 58
Le Clerc, François 58
Libertalia 27
Lípari, islas 9
L'Ollonois, François 17, 58
Long John Silver 55
Lowther, George 58

M
Madagascar 23, 26-27
Madame Cheng 33, 56
Mainwaring, Henry 50, 58
Malabar, costa de 28
Malta 25
mar de China meridional 53
marathas 28-29
Marsh (de Marisco), William 50, 58
Mediterráneo, mar 8, 9, 10
mercenario 5, 13, 15, 19, 21, 30, 61
Misson, capitán 27
mongol 30
Moody, Christopher 40
Morgan, Henry 18-19, 49, 52, 58
mosquete 16, 46-47, 61
mujeres piratas 19
musulmanes 24, 25, 30-31, 39

N
naufragio 6, 43
navegación 41
Norte, mar del 12
Norteamérica 10
Nuevo Mundo 15, 61
nudos 37, 61

O
O'Malley, Grace 12, 58

P
patíbulo 50, 61
película 55
Pérsico, golfo 29, 31
piragua 17, 61
Piratas de Penzance 55
Plantain, James 27, 58
pólvora 34, 46, 47
Port Royal 7, 18-19
Portugal 16
prahu 33, 61

Q
quilla 34

R
Raga 58
Raham bin Jabr 58
raïs 24, 61
Raleigh, Sir Walter 59
Read, Mary 19, 59
redencionistas 25, 61
reglas 44, 45
Ringrose, Basil 7, 59
Roberts, Bartholomew 22-23, 40, 59
romanos 8-9, 39, 49
ron 7, 16, 61

S
sajones 9, 49
Saint-Malo 13, 56
Samuel, Abraham 27, 59
Sawkins, Richard 59
Stortebeker 51, 59
Surcouf, Robert 13, 59
Sweyn Forkbeard 59

T
tesoro 6, 7, 15, 48-49, 61
Tew, Thomas 31, 40, 50, 59
tortuga 16
turcos 24

U
unión 37

V
Vane, Charles 59
Verney, Francis 25, 59
vigilar 43, 61
vikingos 10, 11, 39, 49, 60

W
Ward, John 50, 59
Whydah 6-7

Y
yarda 36, 37

Agradecimientos

Los editores dan las gracias a los siguientes
ilustradores por su contribución con este libro:

John Batchelor páginas 34–35, 36;
Richard Berridge (Specs Art) 29*br*, 33*bl* y *br*, 50–51, 53*cr*;
Peter Dennis (Linda Rogers Associates)
4–5, 6–7, 14–15, 16*b*, 17*b*, 18*l*, 20–21;
Richard Draper 7*br*, 24*cl*, 27*br*, 40*t*, 41*tr*, 43*br*, 46–47*t*,
48*tr*, 49*cr*;
Francesca D'Ottavi 42–43, 44, 45*t*, 46–47*b*, 48–49;
Christian Hook 8–9, 10–11, 12*tr*, 13*br*, 41*b*, 55;
John Lawrence (Virgil Pomfret) 9*br*, 10*cl*, 13*tl*, 17*tr*, 23*bl*,
26*tr*, 29*tr*, 31*cr*, 32*tr*, 37*b*, 60–61;
Angus McBride (Linden Artists) 22–23, 24*tr*, 25*br*, 26–27;
Clare Melinsky 56–59;
Nicki Palin 19*b*, 28–29, 30–31, 31*tr*, 32*b*, 33*cl*;
Shirley Tourret (B. L. Kearley Ltd) 12*bl*, 16*tr*, 17*tl*, 18*r*,
19*tr*, 20*tl* & *br*, 25*tl*, 26*bl*, 30*tr*, 33*tl*, 37*tl* & *tr*, 45*bl*, 50*bl*;
Thomas Trojer 38–39;
Richard Willis (Linden Artists) 52–53.

Cornisas y viñetas de **John Lawrence**.

Los editores también dan las gracias a
quienes colaboraron con fotografías para este libro:

13 **The Masters and Fellows of
Corpus Christi College, Cambridge**
49, 54*b* **Mary Evans Picture Library**
54*t* **The Kobal Collection**
5, 7, 15, 24, 40, 53 **National Maritime Museum**
51 **Peter Newark's Historical Pictures**
43 y 44 **Public Record Office**

l: izquierda   *r*: derecha   *t*: arriba   *b*: abajo   *c*: centro